Peter Horton

Pflaumen im Apfelhimmel

Geschichten und
Gedanken,
die das Leben lieben

„Der Künstler hat das Recht
zu übertreiben,
eine Welt zu schaffen, die
schöner, einfacher und
auch tröstlicher ist
als die unsere."

Maupassant

KREUZ

K. G.   14.02.2002

Inhalt

Begrüßung

Dieses Buch ist in der kraftvollen Einsamkeit der Tiroler Berge entstanden. Geschichten sind für mich verlängerte Träume, und Träume sind die Quartiermacher des Menschseins. Manchmal zerblasen sie im Innern die größten Antipoden der Liebe, nämlich die Angst und deren Bruder, den Dünkel. So gesehen können Träume und Geschichten Brückengeister sein zwischen Zeit und Ewigkeit: Sie wirken das Undenkbare, tanzen das Unmögliche und genießen das nie Gewesene. Auf dass es werde!

Einmal wollen diese Geschichten den Eulenspiegelschalk des inneren Kindes ermuntern, ein andermal in verwaisten Herzenstiefen ein Licht anzünden.

Man kann lernen, mit den Augen zu lauschen und mit den Ohren zu sehen. Dann schließt man auch die Dunkelseite ein mit ihren Kraftdepots. Dann entdeckt man all die Zärtlichkeiten, Verrücktheiten und Wunder, die im Botensack der Phantasie auf einen warten.

Die Dinge und das Dasein haben immer Lust, Geschichten zu erzählen. Das ist ihr Weg, um die Gastlichkeit unseres Herzens zu nähren, mit der allein wir die Welt in Liebe hüllen und heilen können. Mögen diese Geschichten und Gedanken in diesem Sinne Freude machen.

Peter Horton
Wildschönau am 23.1.2001

So wie die Zeit der Tanz des Raumes ist,
ist das Wort die Bewegungsfreude der Allgegenwart.

*

Seelenvolle Sprache
ist das Kraftwerk des Friedens.

*

Im Bewusstsein für den Zauber dieser Erde
und ihrer Liebe zu uns
regt sich derzeit das größte Wachstumspotenzial
der Menschheit.

*

Die Pfütze

Es war einmal eine kleine Pfütze. Sie war von fröhlicher Gesinnung und fürchtete sich nur vor der Sonne. Wir freundeten uns trotz unserer Verschiedenheit ein wenig an.

»Grüß Gott!«, sagte sie zu mir, und ich konnte nicht umhin, das als ungewöhnlich zu empfinden. Bereit, sofort meiner Wege zu gehen, falls sie mich nur hätte narren wollen, fragte ich, wie sie darauf käme. Statt einer Antwort nahm die kleine Pfütze alle Kraft zusammen und spiegelte mir die ganze Weite des Himmels.

Wir führten lange Gespräche über ihren Vater, den Regen, und auch darüber, dass sie sich vor der Sonne fürchtete. Vielleicht ist es mir gelungen, ihr diese Furcht zu nehmen. Sie wurde sehr nachdenklich, als ich ihr von der Weite des Meeres erzählte, vom Spiel seiner Fische und der glitzernden Freude in den Falten seines Angesichts. Ich erzählte auch, dass das Meer die Heimat und Geborgenheit aller Pfützen der Welt sei, und dass alles Leben der Erde aus der Sonne käme; auch das Leben der Pfützen.

Als der Abend aus dem Osten herbeieilte, als hätte er ein Rendezvous verschwitzt, stolperte er fast über die kleine Pfütze und mich. Wir waren so versunken in unserem wortlosen Gespräch, dass wir zu einem Teil der Landschaft geworden waren, die uns umfangen hielt.

Als ich einige Tage später wieder vorbeikam an der Wohnmulde meiner kleinen Freundin, las ich in der über den Gräsern flirrenden Sonnenluft ihre Nachricht:

»Du hast meine Sehnsucht geweckt. Als die Sonne mich umarmte, konnte ich nicht widerstehen und tanzte mit ihr empor zu den Pfaden der Wildgänse, die mir den Weg zeigen werden zum Meer.

Komm bald! Und vergiss nicht – Grüß Gott!«

*

Zärtlichkeit ist eine Fee, die die Erde liebt.
Wo sie wohnt, wohnt auch die Kunst,
aus allen erdenklichen Materialien
Brücken zu bauen.

*

Wenn einem nichts in den Kopf steigt,
kann das auch daran liegen,
dass dieser Ort
einfach nicht vorhanden ist.

*

Der Trick

»Wie machst du es, dass du dich den ganzen Tag lang freust?«, fragte ein Magnat einen für seine Seelenkraft bekannten Mönch.

»Ich erwarte nichts.«

Der Mönch wurde damit der Erwartung des Magnaten nicht gerecht.

»Wie, du erwartest nichts, was soll das heißen?!«, hakte jener nach, »wie kann das die Freude fördern?«

»Gar nicht«, sagte der Gefragte, »es ist nur ein Trick, die allgegenwärtige Freude nicht zu behindern.«

»Welche allgegenwärtige Freude?«

»Die Freude, die vor unserer Geburt schon da war und uns mit Hilfe unserer Eltern erschuf.«

Diese Antwort raspelte am Selbstverständnis des Magnaten und warf in ihm viele neue Fragen auf, die er wegen der Kürze dieser Geschichte nicht stellen konnte. Statt dessen versuchte er den Beitrag der

Freude herunter zu spielen. Mit Triumph in der Stimme entgegnete er: »Meine Eltern hatten keine Freude aneinander, und überhaupt, ich war ein ungewolltes Kind.«

»Hauptsache, du lebst«, lachte der Weise. »Die Freude ist nicht wählerisch.«

Verständnisloses Schweigen gab den Anlass zu folgender Erläuterung.

»Ich gebe dir ein Beispiel«, spann der Mönch den Faden weiter.

»Freude ist wie Luft. Einer atmet tief und dankbar, ein anderer flach und gleichgültig. Beide haben Teil an der Luft, doch nur der erste von beiden nimmt auch Anteil. Der eine nimmt wahr, der andere lässt verwahrlosen. Auch wenn es anders scheint, beide leben gleichwertig und gehen ihren selbst gewählten Weg. Doch nur der, der die Freude wahrnimmt, nascht von ihrer Süße.«

Als sich der Magnat viele Jahre später einmal in einer harten Verhandlung an das Gespräch erinnerte, senkte sich plötzlich eine schwarze Wolke aus seinem Gehirn herab in sein einsames Herz und provozierte dort aus Versehen ein befreiendes Gewitter, an dem er noch jahrelang seine Freude hatte.

*

Äußerer Wohlstand entsteht durch Begreifen,
innerer durch Loslassen.

*

Phantasie ist eine Arbeitshand der Liebe.
Wo Liebe aber teilbar wird
und sich als Selbstsucht
aus der Ganzheit verabschiedet,
wird auch die Phantasie
zu einem Knecht der Finsternis.

*

Glaube braucht unermüdliches Voranschreiten
vom Fürwahrhalten zum Herzwissen,
sonst wird daraus ein Schlafmittel
oder die Bewusstlosigkeit
des Fanatismus.

*

Der Glaube sprach

Ein Hungriger, der keinen Glauben hatte, begegnete diesem einmal in den Augen eines, der einen weiten Weg gegangen war. Der Glaube glich einem vergessenen Freund und war wie ein Leuchtturm in der Finsternis. Er klang wie nährendes Schweigen inmitten einer Öde von Geschwätz, und er hatte die Sicherheit von einem, der alles hat und nichts besitzt. Und jener, der ohne Nahrung und Glauben war, hörte alle Ährenfelder der Welt im Wind rauschen, als auf einmal der Glaube im Blick des anderen zu ihm sprach:

Ich bin ein Gruß des Namenlosen,
ein Bote aus der Mitte.
Ich bin die Gastlichkeit der Welt
und der Täufer ihrer Einsicht.
Diese ist in Wahrheit größer als ich.
Denn ich berichte von der Mitte,
sie aber wohnt darin.

Kein Grashalm reckt sich ohne mich
aus der Geborgenheit der Erde,
kein Baum greift ohne mich
ins Risiko des Sturms.
Das Glück, das mich nicht kennt,
ist aufgeregt und ohne Dauer,
und keine Liebe hat Bestand
ohne mich als Fundament.
In deinen Adern ströme ich
als ein Kredit der Ewigkeit.
Auch wenn du fleißig suchst nach mir,
bin ich es, der dich findet.
Dann gehen wir vereint
auf dem Weg zur Einsicht
zu jener letzten Laterne,
der großen Erleuchterin,
die dein Wissen heilt
und dich verbindet
mit Allem-was-ist.

Und aus der Schrillheit der aufgeputschten Zeit hob sich eine Insel der Stille ins Empfinden des Hungrigen und bot seinem gejagten Denken Asyl.

*

Glaube und Konfession
sind wie Nahrung und Kochtopf.
Gelegentlich zerstört Kochen
die Nahrung.

*

Wo mein Glaube am Ende ist,
ist es nicht auch die Wahrheit?

*

Die Welt ist Klang,
und der erwachte Mensch
ist ihre schönste Musik.

*

Albés Melodie

Er kannte die besondere Art von Sehnsucht nach dem Wesen, das man in den Armen hält, aber nicht fassen kann. Er wusste, dass er neues, unsicheres Land betreten musste, um Fassungslosigkeit und Trennung hinter sich zu lassen. Erst als er sich an beiden oft genug satt gelebt hatte, war die Zeit gekommen für den Aufbruch.

Als der Tag sein Licht mit sich fort nach Westen genommen hatte, begab sich Albé hinaus in die Nacht auf einen unbekannten Weg.

Der Klang der Erde unter seinem Schritt rührte an alte Erinnerungen und verwob ihn mit dem Atem über den Wäldern. Er spürte durch die Dunkelheit, dass auch andere mit ihm auf dem Weg waren. Auch die Bäume, Steine und Gräser gingen mit ihm und wussten um ihn, wie er um sie. Grenzenlos überwölbten ihn die Sterne als seine Ahnen. Mit jedem Schritt mehr empfand sich Albé als Teil eines

Unermesslichen, einer Einheit, die man im Gefühl des Getrenntseins vom Ganzen nur als Vielheit erleben kann.

Er war geborgen; zuerst wie ein Wolfsjunges in der Unnahbarkeit des Mondlichtes, dann mehr und mehr in einer unbeschreiblichen Nähe – wie ein Tropfen im Ozean. Die Dunkelheit öffnete sich seinem Ohr, und Albés Sinne sprengten alle Grenzen.

Er hörte eine Brandung. Anschwellende und verebbende Töne verschmolzen zu Melodien und symphonischen Netzen; eine klingende Pracht ohne Beispiel, die sich in seine Seele warf wie ein Sonnenaufgang in die Nebelarme des Morgens. Es waren die ihm nun hörbar gewordenen Berührungen der Menschen und Dinge untereinander und mit dem Universum. Alles war Klang und Widerklang, Ton und Resonanz, Erde, Liebe und Licht.

So wie der Mond über der Bucht dem Betrachter ein anderes Erleben seiner selbst schenkt, schenkte diese Musik Albé ein neues Selbstempfinden, machte den Raum für ihn hörbar. Der Weltraum durchatmete ihn. Im Lichtschweif dieses Erlebens wusste er, dass Melodien Wunder singender Vergänglichkeit sind. Wären Töne von Dauer, gäbe es keine Melodien, das Menschliche bliebe ohne Lobgesang und die Haut der Seele ohne klingende

Zärtlichkeit. Und das Unwissbare ohne symphonische Gemälde.

Vergänglichkeit wurde ihm ein Mittel, das eigene ewige Wesen in Liebe zu erfahren; wie ein kosmisches Streicheln, das wieder und wieder die Haut des Zeitlichen berührt.

Unendlichkeit ist wie Du und Ich, dachte Albé, sie begnügt sich im Zärtlichsein nicht mit einer einzigen Bewegung für alle Zeit.

Albé hatte seine Melodie gefunden. Sie war wie ein Lächeln in der Dunkelheit, wie das Rauschen kanadischer Ahornwälder im Sommerwind, wie der Herzschlag des Meeres in Ebbe und Flut.

Ein Fühlen lang erklang sie nur für ihn allein – und dann verwob sie sich mit dem All.

Darüber verging sie.

Und im Fallen wurde sie zu einem Glitzern im Auge der Ewigkeit.

*

Wer den Weg des Herzens geht,
fürchtet Entfernung nicht,
denn Weite ist seine Heimat,
und die Zeit ist sein Dach
über der Wildnis der Freiheit.

*

Wunder heißt auch,
mit einer Kinderhand
aus dem Ozean
zu schöpfen.

*

Die Erfindung

Es gab eine Zeit, in der der Mensch mit den Bäumen sprach. Wenn die Arbeit ruhte, badete er seine Hoffnung in ihren Schatten und lauschte ihrer Freude, die die Erde pries und die Farben der Sonne. Nachts, wenn die Menschen schliefen, flüsterten die Bäume vor ihren Fenstern und erzählten von der Zärtlichkeit des Windes und dem Gleichmut der Sterne, von der Kraft des Sturmes und vom Trommelruf der Wasser, den die Brandungen der Meere in die Kontinente meißeln. Sie wiegten sich im Rhythmus der Erde, der im Erz der Berge widerhallt.

Da wurden die Träume der Menschen wie Arznei.

Eines Tages erfand ein Gelehrter das Zählen der Blätter auf den Bäumen. Zuerst begriff keiner diesen Fortschritt, und man tat ihn ab als etwas für Experten. Dann aber wuchs das Verständnis, und man half einander über Anfangsschwierigkeiten hinweg, bis die Erfindung und ihre Anwendung ein Bestandteil bürgerlicher Kultur waren. Jeder pflegte sein persönliches Zahlenarchiv. Es entstanden Nachbarschaftsgruppen, gemeinnützige Zählvereine und humanistische Hilfszirkel für Zählgestörte. Foschungsprojekte wurden ins Leben gerufen mit Zählexpeditionen in ferne Länder. In den Tresoren lagen bald Pläne für den Fall einer Überwindung der Distanz zu anderen Planeten, wo man mit eminenten Fortschritten in den zählenden Wissenschafte rechnete. Vorausgesetzt natürlich, dass es dort Blätter gab. In den Städten entstanden Betonpaläste, worin die Fülle des neuen Wissens archiviert und verwaltet wurde.

Die Schatten der Bäume indes waren anders geworden. Ihr Flüstern und ihre Lieder fanden kaum noch Gehör. Die Träume der Menschen kauerten obdachlos neben den Betten oder streunten wie verwahrloste Hunde durchs schlafende Gemüt. Dabei fraßen sie von allem, was sie fanden, auch von den Resten der Hoffnung. Bald war über die Zeit eine Hecke aus Zahlen gewuchert, die das Leben in einer merkwürdigen Art von Obhut barg.

Die Geschichte endet hier, weil nichts Erzählenswertes mehr geschah.

Es sei denn, man misst dem Bedeutung bei, was an

einem Frühlingstag passierte: Ein Vogel saß in der Uferweide und sang. Ein Kind, das nicht zählen konnte, spielte am Blumensaum des Wassers, und die Sonne balgte mit seinem blonden Frohsinn. Der Wind entlockte den Saiten der Natur duftende Töne, und ein wacher Narr stand fassungslos da und atmete die Szene mit einem lauten Seufzer in sich hinein. Da kamen wie auf ein ersehntes Signal alle zahlenfreien Gedanken der Menschen aus ihren Verstecken hervor und gesellten sich zu denen des Narren. Ein vergessen gewesenes Wir schwebte über den Wiesen und wehte hinüber in die Stadt, strich an Häusern und Gärten entlang und sickerte in die Zwischenräume der gezählten Ordnung. Die Bäume sangen wieder, und ihre Lieder waren genauso alt wie die Lust zu essen und so neu wie das tägliche Frühstück.

Dieser Tag entzog sich seiner Denkwürdigkeit durch eine List: Er hatte kein Datum. Deshalb kann man nicht sagen, seit wann es wieder möglich ist, zu wählen zwischen Messen und Fühlen, je nachdem wessen einer gerade bedarf.

*

Die Schönheit wohnt manchmal
in einem sprachlosen Raum,
wo Sprechen die Fülle verletzt.

*

Es gibt drei Arten von Sprachlosigkeit. Die erste ist ein Filz aus Wörtern um ein Nichts herum. Die zweite ist ein Ausdruck der Ohnmacht. Die dritte ist eine Muse feinfühlender Seelen: Die Empfindung, dass ein einziges gesprochenes Wort die Pracht des Augenblicks zerstören könnte.

*

Berührung und Resonanz
sind andere Worte für Liebe.

*

Zärtlichkeit ist betrachtende Sinnlichkeit,
ein fließendes Innehalten um einer Feinheit willen.
Jedes Gestatten von Dauer innerhalb eines Gefühls,
auch im Schmerz und in der Trauer,
ist ein Weg zu Zärtlichkeit,
Frieden und Weisheit.

*

Wenn wir Freundschaft sagen, meinen wir oft Nutzschaft. Der Mensch benutzt für seine Freundschaften das gleiche Maß, das auch sein Leben bestimmt.

*

Freundschaft ist da, wo man stets
ein wenig Nachhausekommen findet.

*

Stille ist die Sprache der Wesentlichkeit
in und zwischen den Dingen.
Sie wohnt im Plaudern des Bachs
wie im Donner der Brandung,
im Seufzen der Verliebten
wie in der Trauer der Verlassenen.
Sie wohnt im Klang all dessen,
was Seele offenbart.

*

In einer Welt, in der das Hören verkümmert, verfallen die Brücken zum Du. Der Mensch wird eine Insel unter Inseln. Mit dem Verlust des Hörens verkümmert auch die Sprache, denn sie wird partnerlos. Und mit der Sprache verkümmern Wurzeln und Identität. Es gibt einen Weg, das Hören zu retten: durch gelegentliches Schweigen und die Pflege von Stille.

*

In der sachlich aufgerasterten Struktur dieser Zeit, im Inferno kausaler Ableitungen und Begründeleien äffen wir bis in den persönlichsten Bereich die methodische Unberührbarkeit der Naturwissenschaften nach. Für die Wissenschaft ist emotionale Distanz eine Voraussetzung, um zu Ergebnissen zu gelangen. Wir aber sind Feuer, nicht Asche, Wesen, nicht Funktion. Wir sind Erben der Unendlichkeit, hineingeboren zwischen Zweifel und Einsicht, Kinder der Sehnsucht des Lebens nach sich selbst. Dass ein Teil von uns vergänglich ist, begründet unsere Entwicklungsfähigkeit. Wir sind keine Wissenschaft, uns steht ihre Distanz nicht zu.

*

Der Kaffee ist fertig

Rigol vergötterte sein Hirn, das unermüdlich würfelförmige Gedanken auswarf, die sich stapelbar in die Halden des Massenbewusstseins fügten. Sein Gefühlsleben dagegen war erbarmungswürdig. Es meldete sich frühestens nach dem fünften Bier und winselte manchmal nachts in seinen Träumen wie ein vor die Tür gesperrter Hund.

Eines Morgens trat Rigol wie gewohnt vors Haus und prüfte den Himmel auf seine Tagesnützlichkeit. Da stand auf einmal jemand neben ihm und schaute ihn freundlich an. Rigol fühlte sich wie aus Glas, als jenes Wesen sprach:

»Ich bin deine Liebe. Schon lange warte ich hier auf dich. Du hast mich noch nie gesehen und missbrauchst doch täglich meinen Namen. Tag für Tag erlebe ich dein Gedankengefuchtel und sehe dich den Himmel prüfen mit dem Krallblick deiner Gier. Dein Gestammel vor deinen Brüdern und deine gehetzten Träume in der Nacht sind mir vertraut wie einem Verfolgten die Stimmen seiner Jäger. Du sitzt im Fass deiner kurzatmigen Vergnügungen und siehst über dessen Rand nicht hinaus; badest darin so lange, bis du von ihnen zerfressen bist wie eine in den Fluss gestürzte Ziege von Piranhas.«

Diese Sprache trat wie ein Pferdehuf gegen Rigols Dünkel, und von der Wucht stürzte etwas in seinem Innern eine Treppe hinunter.

»Ich bin«, fuhr seine Liebe fort, »deine Brücke über die Ufer von Geburt und Tod, bin deine Ursache und dein Ziel. Du hättest ohne mich keinen Körper, und ich habe ohne dich keinen Sinn. Ich kann dir hundertmal mehr dienen, wenn aus deinem Leben etwas nach mir greift.«

In Rigol tauchte eine Ahnung auf, und vergessene Bilder vermischten sich mit dem Duft einer frühstückslaunigen Welt. Leiser werdend klang es noch: »Ich bin ohne Ungeduld; nimm es als Botschaft bitte, nicht als Tadel. Ein einziges warmes Horchen in dir vergoldet mir tausend Nächte Wartezeit.«

Rigol wankte ins Haus, als hätte er vor der Tür einen Unfall gehabt.

In diesem Augenblick rief eine Stimme in seine Träume hinein: »Aufstehen, der Kaffee ist fertig!«

*

Was nützt ein perfektes Hirn,
das von einem verschlampten Herzen
beliefert wird?

*

Gesichter sind Bücher,
in denen die Menschlichkeit das Lesen lernt.

*

Eine Brücke dient problemlos zwei Herren.
Sie verbindet sie.

*

Der ausgefranste Rabe

Zwei hatten sich gemeinsam auf einen Weg gemacht. Sie schleppten ein langes Brett, und jeder bewältigte seinen Teil der Last. Es war ein weiter Weg zu der Stelle, wo sie eine Brücke bauen wollten. Als sie voranschritten und über alles Mögliche sprachen, entbrannte auf einmal ein Streit zwischen ihnen. Jeder fühlte sich im Recht und sah keinen Weg, von seinem Standpunkt abzurücken. Da sie einander liebten, legten sie das Brett auf die Erde und suchten einen Dritten auf, der ihren Zank schlichten sollte.

Der ging mit ihnen zu ihrem Brett und bat sie, es wieder aufzunehmen. Zuerst stellte er sich an die Seite des einen und schaute sich in alle Richtungen um. Danach ging er mit wichtiger Gebärde zum anderen und machte es ebenso.

Die beiden wurden schon ungeduldig, als er endlich verkündete:

»Wenn zwei ein Brett miteinander tragen, ist etwas zwischen ihnen.«

Die Gnadenlosigkeit der Aussage riss den Ratsuchenden verblüffte Augenbrauen in die Höhe.

»Unvermeidlicherweise, aber auch erfreulicherweise hat deshalb jeder eine andere Sicht der Dinge.«

Die Wucht dieser Wahrheit wurde durch ein Kratzen der Hinterköpfe abgefangen.

»Mit der Zweisamkeit ist es manchmal wie mit den Augen.«

Das Kratzen verebbte.

»Ein Auge allein sieht zweidimensional, zwei zusammen sehen dreidimensional in räumliche Tiefen. – ...Vielleicht. – Na ja, – eben manchmal.«

Im Hintergrund fiel ein Berg um.

»Beharrt ein Auge«, fuhr der Streitschlichter ungerührt fort, »für sich allein auf seiner Sicht, verjagt es die Einsicht. Aber auch bei zwei Augen vereitelt ein starrer Blick Voraussicht und Wendigkeit, ein starres Herz vereitelt darüber hinaus Rücksicht und Erinnerung.«

Ein Geräusch wie vom Ausstauben eines Putzlumpens lenkte die Blicke über ihre Köpfe auf einen Raben, der mit ausgefransten Flügeln die Luft traktierte. Er hüstelte verlegen, als er sich beobachtet fühlte. Als das Tier sich dann wegen eines Navigationsfehlers federfetzend in einem Gebüsch verhedderte, wurde es den beiden unheimlich. Sie schnappten ihr Brett und machten sich aus dem Staub, die Gegend war nicht vertrauenswürdig.

Eine Wegstrecke entfernt entstand schließlich aus dem nämlichen Brett und anderem Gehölz die nämliche, kunstvoll geschwungene Brücke. Rastlos diente sie danach ihren beiden Ufern und blieb bei dieser Arbeit bis lange Zeit nach dem Ende dieser Geschichte.

Manchmal sah man in den Hügeln im späten Licht zwei beieinander stehen und über das Land schauen mit seinen vollbusigen Hügeln und dem Walzer tanzenden Bach darin. Die beiden schauten auch auf ihre Brücke, die sich in die Landschaft fügte wie eine Spange in schönes Haar.

Und hoch über ihnen im Wipfel einer Esche saß ein ausgefranster Rabe und schmunzelte.

*

Brücken

Manchmal stehen Brücken
einsam in der Landschaft
als Kuriosität der Straßenplanung,
strotzend vor sinnloser Kraft
zölibatärer Potenz,
um etwas zu verbinden,
was noch nicht existiert.
Welch seltsam lockender Schalk,
adressiert an alle Uferwesen,
die zwar ein Gegenüber haben,
aber nichts, was sie verbindet.

*

Durch die Wälder der Vergänglichkeit
schlängelt sich ein Weg ohne Ziel.
Man nennt ihn Ewigkeit.

Salem und das Alltägliche

In einer Stadt nicht weit von hier lebte ein Mann namens Salem. Schon lange fühlte er sich von Öde angefallen. Wohin er auch schaute, überall kauerte das Alltägliche und wob leimige Netze über die Dinge. Darunter war alles, was Salem im Leben erreicht hatte, grau und langweilig geworden. Das Außerordentliche war nicht mehr vom Gewöhnlichen zu unterscheiden. Auch die Menschen, die ihn umgaben, erschienen ihm wie monströse graue Mäuse, und keine Freude mehr, nur noch Schmerz oder Trauer vermochten den dumpfen Wall um ihn zu durchdringen und an ihn zu rühren.

Eines Morgens besann sich Salem und wagte es einfach. Einer Intuition folgend verneigte er sich galant vor dem Alltäglichen und lud es zu einer Fahrt in die Stadt ein. Dort spendierte er ihm ein Eis, das mit einer himmlischen Unverfrorenheit übergossen war. Dann streifte er mit ihm durch die Gassen und Parks und schenkte ihm haufenweise Aufmerksamkeit und einige Überflüssigkeiten, die das Leben gleitfähiger machen. Etwa Duftwässerchen, bunte Haarbänder, Blumen und Konfekt. Oder ein Negligé, durch das man Zeitung lesen konnte, einen Wagenheber mit eingebauter Spieluhr, eine Zahnbürste mit ausklappbarem Flammenwerfer und ein Handy, das angeblich Posaune spielen konnte, vorausgesetzt, es war eine zur Hand. Bei einer ambulanten Händlerin kam ein Luftballon dazu, der die ganze Zeit listig über den Köpfen herumblödelte, so dass man den Blick heben musste, um ihn zu sehen. Zum Schluss, als sie sich schon auf daheim freuten, besorgte Salem dem Alltäglichen noch ein warmes Wams für den Winter.

Ein paar Wochen danach schaute eine Bekannte von mir bei Salem vorbei und sah ihn mit Freude bei der Arbeit. Das Alltägliche um ihn hatte rote Backen und webte flauschige Tücher, die das Leben wärmten und in Beachtung hüllten. Merkwürdigerweise, sagte meine Bekannte, seien auch ein paar graue Mäuse da gewesen. Sie sollen aber große rosa Schleifen um den Bauch getragen haben, damit sie keiner übersah.

Wissen
braucht Wahrnehmen,
Weisheit
braucht auch noch
Wahrsein.

Der Freundschaftsdienst

Elian fühlte sich nicht am Leben. Eines Morgens betrachtete er sein Dasein und sah auf dem Sims vor dem Fenster die Ordnung hocken. Von säuerlichem Gouvernantencharme umwogt bewachte sie sein Haus, während das Gewöhnliche drinnen durch die Räume schlich und überall fades Zeug auslegte.

Da kam Elians Freund, der Narr, des Weges.

»Hilf mir«, bat ihn Elian.

»Wie kann ich dir helfen?«, fragte der Narr.

»Gib mir Feuer.«

Der Narr nestelte inbrünstig in seinen Taschen herum und förderte nach fünf Minuten ein kopfloses Streichholz zutage.

»Nicht so«, wies Elian die nutzlose Gabe zurück.

Da setzte der Narr seinem Freund die Schellenkappe auf und ging pfeifend seiner Wege.

Als er nach einigen Tagen wieder bei Elian vorbeikam, sah er die Ordnung im Garten in der Sonne liegen und lustvolle Seufzer verteilen. Das Gewöhnliche tanzte mit einem gewagten Hut auf dem Kopf durch das Haus, bewunderte sich in jedem Spiegel und stellte einige Dinge von angestammten Plätzen auf andere, sodass Verwirrung entstand.

Da wusste der Narr, sein Freund war gerettet.

*

Nach Veränderung schreit man,
wenn man hofft, die Welt damit so zu beschäftigen,
dass man ungestört beim Alten bleiben kann.

*

Zu jeder Zeit blüht irgendwo ganz in der Nähe der Reichtum einer Menschenseele. Sensible wissen das, naschen wann immer möglich an der Pracht und schenken einen guten Gedanken dafür. Das ist die schönste Form von Kunst: Kein Hofstaat, nicht übermäßig heilig, einfach schön und nahe dem, was uns trägt.

*

Der Wunder-macher

Ich hatte einmal einen Traum von einem Wundermacher. Er besaß seinen Laden an der Hauptstraße. Zuerst wagte ich mich nicht hinein, denn ich dachte, wenn mich jemand dabei sähe, könne er sich weiß der Himmel was denken. Statt dessen beobachtete ich von einem Café gegenüber die Menschen, die aus dem Laden kamen. Einige schienen froh, andere schauten drein, als hätten sie eine Kröte verschluckt. Einer küsste sich vor Freude in einem Handspiegel, den er tänzelnd vor sich hertrug.

Schließlich fasste ich meinen ganzen Mut und ging in das Geschäft. Es befand sich nur eine gewöhnliche Vogelscheuche darin, und neben ihr stand ein Spiegel. Der Wundermacher war nicht zu sehen.

An der Wand war ein Schild:

Ein Wunder ist,
wenn man sich
in einer Vogelscheuche
wiedererkennt.

Vermutlich aus rechtlichen Gründen stand darunter kleingedruckt: Ohne Gewähr.

Ich guckte ausgiebig in den Spiegel, verglich, glaubte zu erkennen, verwarf wieder und fühlte mich nach einigem Hin und Her dann doch sicher. Polternd fiel mir ein Stein vom Herzen: Das bin ich nicht! Keine Ähnlichkeit, nicht die Spur. Ich verließ den Laden ohne Wunder.

Als ich die Tür schon in der Hand hatte, sah ich auf ihrer Innenseite ein anderes Schild, das behauptete:

Der Stein, der dir vom Herzen fällt,
befreit immer ein kleines Wunder
vom Druck der Realität.

Auf dem Heimweg wurde ich Zeuge einer Konferenz in meinem Kopf: »Ungeheuerlich!«, entrüstete sich einer meiner Gedanken, der offenbar etwas von Wahrheit verstand, »so eine Vogelscheuche, wo bitte sollte da eine Ähnlichkeit sein?«

»Na ja, die Nase«, rüpelte ein Denkflegel von weiter hinten.

»Also bitte alles, nur nicht die Nase«, griff einer von rechts ein, der sich als ich selbst ausgab. »Mein Vater«, polterte er, »stammte aus Hier-und-Da und war ein echter Bitte-Nicht-Nochmal aus der Linie der Ab-und-An's, die schon von paläontologischen Ausgrabungsfunden her berühmt waren für ihre herausragenden Nasen.«

Mir schwindelte.

»Und der gequetschte Blick ohne Durchblick«, schnöselte es von links, »wenn da keine Ähnlichkeit...!«

Ich klammerte mich an die Hosenbeine eines vorbeistreunenden Briefträgers, der ob dieser Attacke seine Beinkleider einfach abwarf.

»So eine Unverfrorenheit«, ätzte einer aus den vorderen Reihen. Als dann jemand vom deutlich vergleichbaren Stroh im Kopf anfing, brach ich im Leibschatten einer fetten Zeitungsverkäuferin zusammen.

Passanten leisteten mir erste Hilfe. Ein Schuljunge mit traurigen Augen beugte sich über mich und schenkte mir sein Pausenbrot. Lauter kleine Wunder, dachte ich verlegen, klaubte mich auf und enteilte dem Ort. Der Spiegel eines Schaufensters teilte mir im Vorbeirennen emotionslos mit, dass ich wie eine Vogelscheuche aussah.

Weil es aber glücklicherweise nur ein Traum war, wachte ich auf und ging zur Arbeit.

Auf dem Weg kam ich in die Hauptstraße mit dem Laden des Wundermachers. An seiner Stelle war aber nur der Schaltschrank einer Ampelanlage.

Da hatte einer mit Kreide draufgekritzelt:

Die Erde schenkt ihre Wunder
den Wahrnehmenden,
die mit Liebe schauen.

*

Die größte Angst vor der Realität
haben erklärte Realisten.

*

Millionen Gräser heißen Wiese,
Millionen Wunder heißen Leben.

*

Der Begriff Konsequenz ist manchmal
eine Waffe von Kleingeistern,
denen die Phantasie für Alternativen fehlt.

*

Manchmal gebietet einem die Konsequenz, dem Offensichtlichen und der Gunst sowie den Neigungen und Veranlagungen zu misstrauen, um mit dem, was diesem pflegenden Misstrauen standhält, die Wahrheit zu leben.

*

Eine sich als allein seligmachend plakatierende Religion gleicht einem Land, welches per Gesetz verfügt, dass es ohne seine Meteorologen kein Wetter gibt.

*

Der fromme Räuber

Ein tief religiöser Räuber litt erbärmlich unter der Tatsache, dass er den Menschen das Geld aus der Tasche zog. Es grämte ihn, dass er ihnen bis in die Schlafstuben nachstellte, wo sie ihre Geldstrümpfe verborgen hielten.

»Wie soll ich dereinst mit meinen Sünden vor Gott treten?«, fragte er seinen Pfarrer.

»Am besten überhaupt nicht«, antwortete der Gottesmann. »Lass ab von deinem Tun, lege dir eine Bibel zu und ein paar Schichten Buße ein, dann sehen wir weiter.«

Der Räuber heulte auf wie ein getretener Hund.

»Wie soll ich das machen?! Das Geschäft läuft prima und ich habe nichts anderes gelernt.«

Hochwürden kam in Bedrängnis ob der Logik.

Der Räuber flehte: »Gibt es denn von deinem Gott wirklich keinen kleinen Trost für mich, ein Liliput-Sakrament, das meine Seele säugt, oder wenigstens eine Art Kellersegen für Untergründler wie mich? Siehe, o du Waffengefährte der Redlichkeit und Milde«, lechzte er, »wenn mich morgen der Schlag trifft oder der Golfschläger eines wirschen Raubopfers, wäre ich doch eine lächerlich leichte Beute für den Finstermann.«

Hochwürden kam ins Taumeln ob der fürchterlichen Konsequenz.

»O du von Nichtsnutzigkeiten wie mir überlasteter Sachwalter der Unendlichkeit«, robbte sich der Profi-Gestrandete weiter vor, »sieh her, hier ist etwas für die armen Seelen und dein Chorgestühl, das schon zu Sangeszeiten meiner seligen Mutter ein nur noch in Umrissen existierender Rest vom Appetit des Holzwurms war.« Dabei legte er eine beträchtliche Summe hin; weil doch das Geschäft gerade so gut ging.

Hochwürden kam ins Schleudern ob des Holzwurms.

Schnell griff er nach den Scheinen, damit sie der Wind nicht verwehe. Nach einer halb theologischen, halb praktischen Joggingrunde durch den Hindernispark seiner Möglichkeiten richtete er den Blick hoch über das Chorgestühl hinweg in den Himmel mystischer Unbetretbarkeiten. Dann legte er dem Räuber die Hand auf den Schuppenschädel, segnete eine Zeitlang heftig an ihm herum und sprach sodann: »Elender, auch für dich leuchtet ein Licht. Sei ab jetzt ein Werkzeug des Herrn, wenn er in seiner Güte jemandem eine erzieherische Abreibung zukommen lassen muss.«

Irgendwer soll in der folgenden Neumondnacht aus dem Nachttisch des Pfarrers einen erstaunlich hohen Betrag gemopst haben. Man weiß aber nichts Genaues.

*

Wenn Gott nicht so weise wäre,
mit der Erfüllung unserer Gebetswünsche
gelegentlich eine Zeitlang zu warten,
mancher Frömmling würde die Welt
binnen Minutenfrist
kurz und klein beten.

*

Der Glückliche ist wie ein guter Koch.
Er greift in die Möglichkeiten des Gegebenen,
achtet und schützt dessen Eigenart,
fügt das Rechte zusammen und lässt es singen.

*

Die Bitte seines Herrn

Ein Mann flehte über viele Jahre in einfachen Worten zu seinem Gott: »O Herr, neige deine Gunst hierher in meine Richtung. Ich bin ein armer Mann: Lass mich bitte im Rennlotto gewinnen.«

Nichts dergleichen geschah. Ausdauernd.

Vier Bündel Zeit, die jeweils der Lebensspanne einer Maus entsprachen, vergingen gelassen.

Vielleicht muss ich meine Inbrunst steigern, dachte der Mann eines Tages.

Zwei Hühneralter lang betete er jetzt mit so gewaltiger Inbrunst, dass ihm dabei die Adern am Kopfe schwollen: »Hier sitze ich, o Herr, im Staube meiner Wohnung und flehe zu dir: Lass mich bitte sofort im Rennlotto gewinnen.« Oder so ähnlich.

Der Himmel schwieg.

Als aber eineinhalb Hundealter ohne Lottogewinn verstrichen waren, dachte der Mann in der

Dunkelheit seiner Hoffnung, vielleicht hört er mich nicht bei all der Ablenkung durch andere Beter. Sicher muss ich ihn lauter anrufen.

Ein Ochsenalter lang betete er fortan bei offenem Fenster und so laut, dass sich die Nachbarn um ihn sorgten.

»Hallo!«, legte er beim erstenmal los, nahm das aber sofort wieder zurück, da er das Wort in diesem Zusammenhang als fremd erkannte. Er tat, als wäre es nur eine Art Mikrofonprobe gewesen, und pendelte sich mit seiner Darbietung alsbald folgendermaßen ein:

»Siehe, o Herr«, brüllte er, »als dein nichtswürdiger Untertan liege ich hier auf heißen Knien im Schwelbrand meines Lebens und erflehe einen Wink deiner Allmacht: Lass mich bitte im Rennlotto gewinnen!«

Ungerührt verging die Zeit.

Nachbarn verstarben, neue rückten nach und wurden in die Gepflogenheiten eingeweiht.

Eines Tages taten sich das Wetter und das Alter des Mannes zusammen und warfen ihn aufs Krankenlager. Ohne Unterlass betete er zur gewohnten Tageszeit weiter. Jetzt eben im Liegen.

Da! ...Endlich, eines Abends geschah es. Während seines Gebetes fuhr es ihm in die Seele wie ein

Blitz ins Dachgebälk, und er vermeinte deutlich zu spüren, dass der Himmel Rührung zeige. Aufgeregt horchte er. Und erst leise, dann aber ganz deutlich vernahm er schließlich – schon fast an der Schwelle des Todes – überglücklich die Stimme seines Gottes.

»Mein geliebtes Menschenkind«, sprach die Urkraft voller Wärme, »so viele Jahre flehst du nun schon zu mir um einen Gewinn im Rennlotto. Gib mir doch bitte endlich eine Chance, kauf dir ein Los und spiele!«

*

Glücklosigkeit ist manchmal
eine Tarnkappe der Knauserigkeit.

*

Eines der größten Hindernisse zum Glück
ist für den Unglücklichen die Meinung,
dass ihn vom Glücklichen nichts unterscheide
als dessen Glück.

*

Religiöse Gemütlichkeit
ist ein Zug, der bis in alle Ewigkeit
im Bahnhof wartet.

*

Logik ist eine herrschende Meisterdisziplin der Außenwelt. Sie gibt unserem vergleichsweise langsamen physischen Denken Schärfe, Motivation und Schutz vor Verwässerung. In der Innenwelt des Herzens jedoch löscht sie, wenn sie sich hineindrängt, das Lebensfeuer und lähmt die Liebe.

*

Wer das Neonlicht seines Intellekts
für Erleuchtung hält, gleicht einem,
der im Bräunungsstudio
die gesamte Macht der Sonne wähnt.

*

Solange wir den Schein
höher schätzen als das Licht,
suchen wir Scheinwerfer
statt Erleuchtung.

Ramils Suche nach der Zeit

Weit von hier lebte einmal ein Sucher namens Ramil. Mit großen Schritten und schnellem Blick durchmaß er sein Dasein. Eines Tages begab er sich zu einem Weisen und fragte: »Sage mir, was Zeit ist.«

Der Weise sagte: »Forsche noch ein wenig selbst danach, und komme dann wieder.«

Ramil forschte viele Jahre und durchmaß seine Zeit mit großen Augen und wachem Verstand. Eines Tages besuchte er den Weisen aufs Neue und bat um dessen Unterweisung.

»Was hast du mit deinem Forschen herausgefunden?«, fragte der Gastgeber.

»Die Zeit ist wie eine Woge des Ozeans«, antwortete Ramil.

»Sie eilt scheinbar dahin, und ist doch nur ein Fächeln des Meeres, das in Wahrheit nicht von der Stelle weicht. Doch reicht das?«

»Das gefällt mir«, bemerkte der Weise, »auch wenn es nicht reicht. Geh, und suche weiter. Mehr kann ich dir nicht sagen.«

Jahre vergingen, in denen Bäume wuchsen, Wälder starben und Gedankenholz zu Asche wurde. Ramil durchmaß das Leben mit seinem Herzen, welches war wie der zunehmende Mond, der täglich mehr von sich im Licht zeigt, was vorher dunkel war. Und als Ramil die Welt mit seinem Wesen oft umrundet hatte, war er wie ein Fluss an der Mündung geworden, bereit, sich mit dem Meer zu verbinden und ihm dabei Form und Namen hinzugeben.

Noch einmal machte er sich auf den Weg, klopfte an die Pforte und bat um Einlass. Schweigend wartete er auf eine Geste des Meisters, die ihn zu sprechen einlud.

»Zeit ist mit sich selbst spielender Gedanke«, begann Ramil nach einer Weile der Sammlung. »Sie ist eine Barmherzigkeit des Namenlosen, die überall Raum, Substanz und Zwischenraum gebiert, damit das Leben sich darin erfahren kann. Sie ist Rohstoff und Rhythmus der kosmischen Wildnis, in welcher das Menschsein Wohnung nimmt.«

Ein warmes Lachen drang von der Straße her durch die Mauern. Ramil wartete.

»Dem Ich ist die Zeit ein Schutzschild vor der auflösenden Glut der Ewigkeit«, fügte er noch an. »Sie ist der Tempelhof um die leere Mitte, das Webmaterial der Liebe um den Atem des Einen herum, um ihn fassbar zu machen. Sie existiert in Wahrheit nur in der Realität derer, die sich als vom-Ganzen-abgetrennt empfinden.«

Ramil wunderte sich über die eigenen Worte.

»Es ist gut«, sagte der Alte. Und augenzwinkernd klang noch nach: »Doch jetzt ist es ein wenig zu viel.«

Dann war es still.

Dass etwas fehlt oder zu viel ist, ist eine Vorbedingung der Gnade, dachte Ramil. Und die Zeit strich über sein Empfinden wie eine Hand über das Haar eines Kindes.

Draußen lehnte die Sonne im Mittagsfenster und betrachtete nährend die Welt.

Nach einer Ewigkeit machte sich Ramil auf den Heimweg.

Noch einmal wandte er sich um und wollte danken. Doch er sah nur ein altes Weib am Straßenrand, das ihm eine Antwort gab, zu der ihm die Frage fehlte: »Der Alte, den du suchst, ist seit dreißig Jahren tot. Hier stand einmal sein Haus.«

Und auf verfallenen Mauern blühten Schöllkraut und wilder Salbei.

*

Wahre Größe trägt keinen Talar,
sie ist un-scheinbar.

*

Verehrung im Religiösen
ist nur ein erster Schritt.
Erst wenn sie Abstand zulässt,
ist Nachfolge möglich.
Erst wenn Nachfolge durch
tiefe Einsamkeit führt,
beginnt der Meisterpfad.
Dann stirbt Verehrung
hinüber in die Liebe des Einsseins.

*

Die geraubte Finsternis

In einer Bergwildnis des Orients, hoch am östlichen Passausgang eines Tales wohnten drei Höhlen. Die größte von ihnen hieß Ura, die beiden anderen nannten sich Arya und Ila. Lange bevor der erste Mensch ein zittriges Urgebet in die Sonne rief, waren sie schon da. Wie schwarze Augen schauten sie seit dem dritten Schöpfungstag aus der Südflanke des Massivs, und jede von ihnen hütete sorgsam die Finsternis in ihrem Innern. Von hier aus nahmen sie Anteil an der Welt. An klaren Tagen konnte man tief ins Unterland sehen, wo der hier oben reißende Bergfluss an den Prüfungen des Weges gereift war und sanft geworden durch die Ebenen mäanderte.

Ura wohnte unten bei den Wasserfällen, in deren Übermut der Berg Tag und Nacht seinen einzigen Fuß wusch. Das Tosen hallte wider in Uras Gewölbekathedralen. Es klang, als spendete ein von den

Schönheiten der Erde überwältigtes Publikum Applaus. Arya befand sich weiter oben über einer Geröllsenke, wo das Herz des Berges seinen in Stein erstarrten Rhythmus träumte. Die Zedern grüßten hinunter in die Gischt und schmückten Aryas schroffes Antlitz mit einem Willkommen für die bisweilen heraufpilgernden Asketen. Ila, die dritte von ihnen, residierte in Gipfelnähe des Berges unter einem Felsüberhang, der sie vor den mörderischen Waschungen schützte, die der Berg von vagabundierenden Gewittern als Gastgeschenke genoss.

Ura, Arya und Ila waren einander verbunden als Geschwister und trafen sich manchmal in jenen Nächten, in denen der Mond auswärts zu tun hatte. Nur dann nämlich wurde die Finsternis im Hochkessel nicht durch seine liebenswerten Silberspiele erhellt, und die Höhlen konnten sich von den ihnen anvertrauten Finsternissen entfernen, weil sie diese in Obhut der Nacht wussten. Dann saßen sie beisammen, erzählten von ihren Erlebnissen und sprachen über die Verantwortung und tiefe Befriedigung in Bezug auf das Hüten der Finsternis.

Eines Tages, als im Land von Gnaden des fernen Rom der Tyrann Herodes herrschte, kamen einige Männer vorbei. Die Höhlen erhielten Kenntnis, dass am unteren Flusslauf einer aufgetaucht war, den sie den Täufer nannten. Er sei, wie er sagte, der Wegbereiter eines anderen, größeren, der bald Licht in die Finsternis des menschlichen Denkens bringen werde. Viele gingen hin, um sich taufen zu lassen, und in der folgenden Zeit kamen manche Pilger von der Passfurt herunter und wanderten unter der Führung des Wasserlaufs talwärts. Später gingen sie den beschwerlichen Pfad wieder zurück und stiegen nach einer Rast bei einer der Höhlen weiter auf zum Ostfenster des Tales, wo sie in eine andere Welt entschwanden, die ihre Heimat war. Bei dieser Rückkehr wirkten die Leute oft wie verwandelt und leichter geworden unter dem Bündel, das jeder trug.

Jahre später, an einem Frühlingstag, geschah jene Denkwürdigkeit, die das Dasein von Ura, Arya und Ila tief verändern sollte. Es war kurz nachdem ein junger Mann zu Arya hinaufgestiegen war, um sich in deren rauher Gastlichkeit ein Lager im Mergel zu bereiten. Er enthielt sich der Speise und verharrte viele Tage und Nächte in Versenkung.

Als sich die drei Höhlen in der darauf folgenden Neumondnacht trafen, war Arya in einer Weise bleich, dass die anderen erschraken.

»Was ist mit dir, Freundin?«, fragten sie besorgt.

»Jemand hat meine Finsternis geraubt«, sagte Arya mit vor Entsetzen zerfaserter Stimme.

»Wie kann das sein? Wer könnte denn so etwas?«, riefen die Freundinnen ungläubig.

»Ich sage euch, meine Finsternis ist weg. Ich kenne doch meine Finsternis. Sie ist nicht mehr da. Da ist jetzt etwas anderes an ihrer Stelle.«

Jetzt wurde es auch Ura und Ila schaurig zumute. Die Vorstellung, dass jemand die ihnen seit Anbeginn in Obhut gegebene Finsternis rauben oder durch eine andere ersetzen könnte, war zu schrecklich, um zu Ende gedacht zu werden. »Was ist passiert? Erzähle!« Sie drangen auf Arya ein, die wie ein gescheitertes Gespenst auf der Erde saß und zitterte.

»Ich kann es nicht erklären«, hauchte sie. »Es hat etwas mit dem jungen Mann zu tun, der bei mir sein Lager errichtet hat. Es ist etwas mit ihm, das die Finsternis angreift und verändert.«

Ura und Ila beschlossen mit Arya, der Sache auf den Grund zu gehen, und machten sich unverzüglich auf den Weg, um vor Ort nach dem Rechten zu sehen. Schon bald fiel ihnen auf, dass etwas anders war als sonst. Die Natur schlief nicht, sie hielt den Atem an. Bäume, Steine und Gräser verharrten in einer neuen Art von Stille, als wollten sie eine unbeschreibliche Kostbarkeit behüten. Der Chor der Wesen der Nacht, die Zikaden, die Rufe der geflügelten Bewohner der Höhen hatten etwas Neues,

Verwandeltes in ihren Symphonien, was das Unaussprechliche, den Atem dieser Landschaft, in klingende Liebe hüllte.

Die Gruppe fand den Asketen in tiefer Versenkung. Seine bewegungslos gesammelte Erscheinung war umhegt von einem Licht, das für kein körperliches Auge der Welt zu sehen, von keinem Dichterwort zu beschreiben war. Ein raumloser Glanz, der den Geist der Nacht verwandelte.

Die Zeit hielt den Atem an und stand wie auf Zehenspitzen still, so als wolle sie die Andacht der Erde nicht durch Anfang und Ende begrenzen.

Als sie nach einer Ewigkeit ihren Atem wieder aufnahm, fanden sich auch Ura und Ila auf geheimnisvolle Weise ihrer Finsternisse beraubt. Seitdem hüten sie an deren Stelle eine beseelte Dunkelheit, eine Form mütterlicher Geborgenheit, in welcher dem Seelenlicht jedes Menschen Ruhe, Schutz und Erneuerung gewährt werden.

Nährende Dunkelheit oder nach dem Leben trachtende Finsternis? Eine Wahl war geboren, ein unterscheidendes Licht für ein beseeltes Denken an Scheidewegen. Und es leuchtet hell – auch zwei Jahrtausende nach jenem Pilger, der in jedem Staubkorn, das sein Fuß berührte, diese gute Erde segnete.

*

Alles Wesentliche hat ein Geheimnis,
das sich dem Griff des Denkens entzieht.
Wo nichts Unfassbares ist,
ist das Leben ausgewandert.

*

Wahrheit ist wie eine Landschaft,
nach jedem Schritt sieht sie anders aus.

*

Der Wunsch, etwas zu verstehen,
kann auch zu einem Akt
der Zerstörung werden.

*

Was zu schnell kommt, verkommt,
was zu lange weilt, wird langweilig,
was sich in Dauer mummt, wird zur Mumie,
und was die Zeit ehrt, wird zeitlos.

*

Die Weisheit der Nachtigall

Unter den Amseln im Stadtpark war eine Kontroverse im Gange, welche von ihnen den wertvolleren Beitrag zum Leben leisteten. Waren es jene, die täglich Lieder erfanden und sie in den Tageskorb der Vergänglichkeiten taten? Oder waren es eher jene, die allein die überlieferten Gesänge pflegten, die von den Alten kamen, viele Amselgenerationen überdauert hatten und über allem Vergänglichen stünden. Da sie sich nicht einigen konnten, gingen sie zur dienstältesten Amsel und baten um Aufschluss.

Die Alte war gerade haarscharf der Katze entronnen und hatte andere Sorgen. Immerhin möbelte sie ihr Antlitz amtsbewusst mit einem Expertenblick auf und äußerte kompetent, dass das Problem möglicherweise außerordentlich wichtig oder aber vielmehr über alle Maßen unwichtig sei.

Falls das Erste zutreffe, empfehle sie einen Besuch

bei der Großmeisterin des Gesanges, der Nachtigall.

Die Nachtigall war eine Reise wert. Sie wohnte eine knappe Flugstunde entfernt im Liederwald, dort wo Leben und Sterben gute Freunde sind und die Seele sich aus jedem Laut ein Westchen Geborgenheit häkelt.

»Das Ewige und Nichtsingbare«, begann die Nachtigall, »ist die Wurzel alles Vergänglichen und Singbaren. Alles Bleibende ist eine Untergattung des Vergänglichen. Es bleibt eine Weile und vergeht dann wieder. Ein Fluss ist Jahrzehntausende im Land, sein Wasser nur kurze Zeit.«

»Wie verhält sich das Flüchtige zum Dauernden?«, baten die Amseln zu verdeutlichen.

»Ein Lied lebt von fliehenden Tönen. Andernfalls wäre es ein über Jahre hinweg lästig herumstehender Akkord. Im Vergänglichen des Liedes wohnt sein Zauber. Dieser benetzt die Wirklichkeit und verklärt sie manchmal. Lieder, die aus den Herzen der Amseln kommen, sind Gärtner der Freude. Und jede Freude imprägniert das Leben auf Dauer.«

Am Fuß des Baumes, in dem sie saßen, strebte ein Dachs in wichtiger Mission durch die Farne.

Die Nachtigall fuhr fort: »Auf der anderen Seite der Zeit und von den Dingen unberührt ist das ausgespannt, was wirkt. Im Vergänglichen bewundert das Ewige sich selbst. Wie in einem Spiegel. Es käme aber keiner auf die Idee, in einem Spiegel das Wirkliche ertasten zu wollen. Tragt eure Debatte zu Grabe. Denn alles Vergängliche, Dauernde und selbst das Ewige wohnen im selben Zimmer und sind gebettet in ein mystisches Nichts, aus dem alles hervorströmt und welches alle Macht und Grenzenlosigkeit in sich vereint.«

Der Wald wiegte sich im Nachmittagswind, als tanze er nach einer großen Melodie. Wie Funken über einem Lagerfeuer glitzerten tausendundzwei Mücken in einem Strahl der Sonne.

»Wer das Bleibende über den Fluss der Zeit stellt, will durch diesen Trick dem Tod wehren. Wer allein im Flüchtigen sich sucht, rennt dem Tod hinterher. Das Erbe der Väter und Mütter bildet den Boden der Vergänglichkeit, über den der Fluss der Zeit hinwegströmt. Wer Vergänglichkeit geringschätzt, zerstört die Brücke zur Ewigkeit.«

Nach diesen Worten schwieg die Nachtigall und der Wald hüllte ihr Schweigen in seine wogende Gastlichkeit.

Als am Ende dieses Tages die Lieder der Amseln wie Goldstaub in die Dämmerung rieselten, schlüpfte die Zeit im Stadtpark beiseite ins Gebüsch und gönnte sich eine kleine Ewigkeit, um zu lauschen. Die alten Lieder waren ihr vertraut und in den neuen erkannte sie die Wiederkehr ewiger Schönheiten.

*

Berührungen
sind Wesen voller Lebenslust,
die im Dachstübchen der Seele wohnen.
Von dort reisen sie in gepolsterten Gedanken
durchs Leben, um das Dasein zu vergolden.

*

Dichtkunst
ist die Liebe der Sprache
und ihre tiefste Erinnerung.

*

Poesie ist ausgeatmete Erde
und eingeatmeter Friede.

*

Vom Wert der Musik

In einem fernen Land am Ufer eines Sees lag die Stadt Melos. In einer Herberge hatte der Tag ein paar Menschen zusammengeführt. Vom See her tänzelte eine abendfeuchte Brise und der Wirt schloss die Fenster. Während er Brot und Wein brachte, kam ein Disput darüber in Gang, was wohl den Wert von Musik bestimme.

Ein Geldverleiher sagte, Musik sei gut, wenn sie Dukaten zum Klingen bringe. Ein Bettler forderte, dass Musik die Herzen der Menschen erweiche. Ein in einer kratzigen Kutte hausender Ordensmann fand erweichte Herzen wohl gottgefällig, meinte aber, dass Musik außerdem das Böse in der Seele ausmerzen und gegen die Anfechtungen des Teufels gefeit machen müsse. Ein Liebespaar dagegen wollte die Sinne beflügelt wissen zu mehr Genussfähigkeit und Leidenschaft. Ein Experte bestand auf Traditionstreue und der bedingungslosen Wahrung der

Tongesetze der Altvorderen. Ein Freischärler ließ wiederum nur das Revolutionäre, das die alten Gesetze hinter sich Lassende in der Musik als Maß für deren Wert gelten. Die Sicht eines fahrenden Spielmanns, dass der Wert von Musik sich an der Lebensfreude und -kraft messe, die sie spende, ergatterte ebenso seinen Platz im Bukett der Meinungen wie der Einwand eines Misanthropen, der Musik als bar jeden Wertes titulierte.

Zu guter Letzt meldeten sich noch der Wirt und ein Ordnungshüter mit denkwürdigen Erkenntnissen zu Wort. Nach und nach erhitzte man sich jedoch über die Fülle der gegeneinander reibenden Sichtweisen, bis schließlich ein erbitterter Streit den Feierabend und alles Wohlwollen fraß.

Draußen indes, im Wipfel eines Avocadobaumes, sang eine Nachtigall. Mit dem Klang ihrer Eigenart wob sie ein Schimmern in die staunenden Hände der Nacht, ein silbriges Netz aus Stille, Verlockung und Kraft, Raumgefühl, Vergebung und Glück.

Die Dunkelheit lauschte mit tausend Ohren.

Und als der letzte Ton zurückgesunken war in die Lautlosigkeit, flüsterte das Ufer zu seinem See:

»... Schön ...!«

*

Die Heimat aller Töne
ist Stille.

*

Für die Seele ist Musik ein Sinnesorgan,
mit dem sie ihren Horizont ertasten
und erweitern kann.

*

Ein kreativer Träumer ist einer,
der öfter mit Gott telefoniert.

*

Der Geist der Lüfte sprach

Jemand fragte den Geist der Lüfte: »Wie kommt es, dass du deine Reinheit dem Jahrhundert zum Fraß hinwirfst und dich so oft ungepflegt und trübsinnig an den Tisch der Sonne setzt?«

Der Geist der Lüfte sprach: »Was du riechst, ist nicht mein Siechtum, und was du siehst, nicht mein Verfall. Ich bin die Seidenhaut der Erde und lechze wie du nach der Zärtlichkeit der großen Liebe. Ich werde gewaschen von der Freude der Jahreszeiten und dem Atem der Wälder und Meere. In mir verglühen der Übermut der Sterne und die Wildheit der Sonne. So schütze ich euch und belebe euch mit der Kraft des Windes, der euch einst Flügel verleihen wird. Mein Zustand ist der eurer unwirschen Herzen, ein Spiegel eurer vorübergehenden kosmischen Torheit.«

»Wie ist es möglich, dass du, der du so groß bist,

von uns, die wir so klein sind, beeinflusst wirst?«, fragte der Mensch.

»Ich liebe jeden von euch und unterscheide euch unverwechselbar als die Individualitäten, die ihr seid. Auch wenn ihr nach Milliarden zählt. Ich weiß euch vom selben guten Sein belebt, das auch mich trägt. Jeder kann mir gebieten, der in Liebe mit mir spricht. Der Tag ist nicht fern, wo euer Haus durch eure gereiften Wünsche gereinigt werden wird und wo ihr mit mir voll eures wunderbaren unbändigen Geistes über den Wassern tanzen werdet.

Zusammen mit meinen Geschwistern Erde, Wasser, Feuer und Äther werden wir die Auferstehung des neuen planetaren Menschen feiern, der ihr sein werdet als eine vereint handelnde Liebe; das erreichte Ziel von Jahrhunderttausenden, in welchen Versuch und Irrtum die einzige, wenn auch aus der neuen Sicht lähmend langsame Fortbewegung eurer Evolution war.«

»Und was kann einer wie ich zu dieser Auferstehung beitragen?«

»Atme mich mit dem Herzen und liebe dich selbst mit der Fraglosigkeit eines Kindes. Dann kann mein Wind dich lehren, was du brauchst, um die Freude der Welt dazu zu bringen, vor Vergnügen zu knistern.«

*

Nur wer feine Sinne hat,
kann seine Sinnlichkeit dazu benutzen,
den Sinn zu finden.

*

Ein Mensch, der seinen Stress
wie ein Banner vor sich herträgt,
bittet etwas umständlich um Beifall.

*

Der Zweifel ist immer ein schlechter Herr,
manchmal aber ein leidlicher Diener,
der so lange alles notdürftig prüft,
bis die Liebe stark genug ist,
um spontan wissend zu unterscheiden.

*

Zweifel und Überzeugung

Der Zweifel und die Überzeugung besuchten als Anhänger desselben Vereins einmal gemeinsam den Fußballplatz. Die Überzeugung sagte in bester Freizeitlaune: »Ich bezweifle, dass unser Verein heute gewinnen wird.«

Der Zweifel hielt dagegen: »Ich bin überzeugt, dass er verliert.«

Nach dem Unentschieden gingen sie in eine Kneipe und erledigten die Sache alkoholisch.

*

Zweifel ist eine Waffe,
gegen Irrtum ebenso
wie gegen Einsicht.

*

Als ich unter den Fischen lebte

Als ich unter den Fischen lebte, gab es viele, die nicht an Wasser glaubten. Das war ihr gutes Recht, und sie lebten damit ziemlich unbeschwert. Bis zu dem Tag, als die Dürre kam und den Fluss austrank, in dem wir wohnten.

»Teufel, was ist hier los!?«, schrillten sie panisch entsetzt, als der Lebensraum eng und Atmen zum Glücksfall wurde.

»Zu wenig Wasser!«, riefen ein paar Erfahrene.

»So ein Quatsch!« kreischten die anderen böse vor Angst, »wir sind zu viele hier und ersticken, und die haben nichts Besseres zu tun, als von Wasser zu faseln.«

Ich gebe zu, dass ich ganz schön erleichtert war, als in letzter Minute die Regenzeit kam. Wasser hin oder her, jetzt ist wieder genug davon da.

Doch nur Träumer wie ich glauben daran.

Protest ist manchen
ein willkommener Ersatz
für das Denken.

Ein Glaubensbekenntnis
ist vor Gott so wichtig
wie ein Personalausweis im Ehebett.

Glück
ist ein Prozess,
kein Zustand.

Fülle und Leere

Auf einem Hof standen zwei Fässer. Das eine war ein bis zum Rand mit Regenwasser gefülltes geschniegeltes jungdynamisches Yuppie-Fass, das andere war alt und abgeklärt und über dem Wechsel zwischen Fülle und Leere ein wenig weise geworden. Es ließ sich die Sonne in den leeren Bauch scheinen.

»Ein leeres Fass ist nutzlos«, eröffnete Yuppie ein nutzloses Gespräch. »Nur arbeitsscheue Fässer stehen leer herum«, knarrte es selbstgefällig.

Das leere Fass erinnerte sich erfüllter Tage und genoss die Freizeit.

»Ach weißt du«, erwiderte es, »ich versuche im Leerzustand bereit zu sein für die Fülle. Das erscheint mir besser, als immer nur voll zu sein und mich dabei unerfüllt zu fühlen.«

»Was heißt hier unerfüllt?«, polterte das junge, und es verschwappte etwas von seinem Inhalt.

»Wer Fülle zu haben meint und die Leere geringschätzt«, antwortete das alte Fass, »ist hauptsächlich gefüllt mit Unerfahrenheit und steht sich selbst im Weg herum.«

Wahrscheinlich wäre das andere jetzt ausfällig geworden, doch es musste schweigen, da sich sein Besitzer näherte. Menschen dürfen nicht wissen, dass Fässer reden können, sie könnten sich sonst fürchterlich erschrecken.

Der Mann kippte den Inhalt des jungen Fasses respektlos auf den Hof und fing an, es mit einer Bürste zu bearbeiten. Als er damit fertig war, setzte er es der Sonne aus.

»Bring das alte Fass herein!« rief seine Frau, »ich will das Kraut einlegen.«

»Ja sofort!«, dichtete er und schlüpfte mit seinem Pfeifchen beiseite in den Schatten des Kastanienbaums, um sich eine Pause zu gönnen.

Das junge, inzwischen leer gewordene Fass befand sich in einer Krise. Einerseits hatte es seine Fülle verloren, andererseits genoss es unversehens die Leere mit ihren Annehmlichkeiten. Und die Sonne liebkoste es im frisch gewaschenen Bauch.

»Pfui, Kraut!«, versuchte es die Sache noch ein wenig für sich zu retten, »ich bin gewaschen worden, um edlen Wein aufzunehmen.«

Das alte Fass konnte nichts Weises erwidern,

denn die Frau erneuerte jetzt in griffigen Worten ihre Bitte an den Mann und erfand dabei ein paar sperrige, nicht ehrenhafte Namen für ihren Gatten. Dieser steckte blitzschnell in beweismindernder Absicht sein brennendes Pfeifchen in die Hose und wetzte herbei.

Abwechselnd mit Salz und Wacholderbeeren schichteten die beiden Lage um Lage das duftende Kraut in den Bauch des alten Fasses. Der Mann hoffte, mit seiner weggesteckten brennenden Pfeife ein Stillhalteabkommen zu haben. Doch die Glut in der Hose riss alsbald das Gesetz des Handelns an sich und bewog ihn, den Ort des Geschehens so übereilt zu verlassen, dass ihm die Frau mit einer Mischung aus Nachdenklichkeit und Bewunderung nachschaute. Doch bald erschien er neu behost wieder zur Arbeit. Das Fass bekam seine Krautfülle und freute sich auf das Prickeln, wenn die Gärung einsetzen würde.

Die Ernte war reichlich, und so fand sich nach ein paar Tagen auch das junge Fass krautvoll neben dem alten ein. Da standen sie nun schweigsam beieinander und verdauten einen Haufen Weißkohl für die Menschen vor. Als das Prickeln der Gärung einsetzte, kicherte das Yuppiefass vor Vergnügen, und das alte schmunzelte heimlich in sein Kraut.

*

Selbstverwirklichung ist eine
alles verzaubernde Melodie des Herzens.
Wenn die Zahl derer, die sie zu singen vermögen,
eine vergleichsweise niedrige,
kritische Schwelle überschreitet,
wird ihr Chor die Erde transformieren.

*

Viele scheinbar unscheinbare alte Menschen haben ein immaterielles Lebenswerk in sich geschaffen. Es ist wie ein Garten voller Früchte und Blumen, in dem jeder, der die Gesetze der Gastlichkeit achtet, Nahrung und Geborgenheit finden kann.

*

Gegenwart
ist der Künstlername der Ewigkeit.

*

Liebende sind das Wertvollste,
das eine Gesellschaft hervorbringen kann.

*

Der Wissende und der Liebende

An der Küste lebte ein Mann, der viel geistiges Wissen angesammelt hatte. Zahllose Bücher waren wie Schiffe durch das Meer seiner Gedanken gesegelt und hatten ihre Ladung an den Ufern seiner Strebsamkeit gelöscht. Er kannte die Gesetze der Form und der Unrast und beherrschte seinen Leib wie ein Yogi. Außerdem konnte er die Gedanken in die Wüste schicken. So war er geworden, was man einen Wissenden nennt. Auf dem Höhepunkt seiner Jahre beschloss er, die Menschen sein Wissen zu lehren, und fuhr mit dem Boot über das Wasser, um entlang der Küste an verschiedenen Orten Vorträge zu halten. Bald hatte er eine Schar von Schülern, die die Gesetze der Form und der Unrast studierten und sich darin übten, ihre Gedanken in die Wüste zu schicken, bei Tag und bei Nacht, wie es ihnen beliebte.

Eines Tages kam er zu einem Alten, den sie den

Liebenden nannten. Seine Nähe war wie wärmende Glut, über welcher das Feuer erloschen und aller Rauch verweht ist. Der Wissende hielt seinen Vortrag, dem der Liebende voll Interesse lauschte. Er berichtete dies, erläuterte jenes und empfahl dem Liebenden, zur Festigung seines Wesens die Sache mit dem In-die-Wüste-schicken der Gedanken. Nach einer gemeinsamen Tasse Tee stieg er schließlich bedacht mit dem Dank und Segen des Alten wieder in sein Boot und ruderte davon.

Er hatte sich schon eine Strecke weit vom Ufer entfernt, da hörte er auf einmal aus der Nähe jemanden rufen: »O Meister des Wissens, wartet auf mich!« Als er sich verwundert umwandte, erblickte er den Liebenden, der ihm über das Wasser nachgelaufen kam. »Bitte wartet einen Augenblick«, rief jener und rang nach Atem. »Ich habe vergessen, wie das genau war. Muss ich erst einatmen oder ausatmen, ehe ich mit der Gedanken-in-die-Wüste-schick-Übung anfange?«

*

Glück
ist eine Gastlichkeit des Herzens.

*

Nur wer schweigen kann,
und schauen und lauschen,
kommt zum Sinn.
Der andere bleibt ein Löffel,
der wohl in der Suppe wohnt,
aber nichts von ihr schmeckt.

*

Manchmal empfinden wir Schwermut
wie eine romantische Qualifikation.

*

Schweigen
ist das Atemholen des Wortes,
es heilt die Gedanken
vom Schorf mancher Wunden
und reinigt die Sprache
von den Spuren der Eitelkeit.

*

Es gibt ein heiliges Schweigen,
das die höchste Form von Sprache ist.

*

Wer in der Liebe Perfektion anstrebt,
jagt sie beide aus dem Haus.

*

Der Mensch als Meisteranwärter des Lebens
unterliegt zuerst seiner Jugend,
dann dem Einmaleins,
und dann dem Leben selbst;
dann aber fängt er
manchmal an
aufzustehen.

*

Die Sehnsucht sprach

Jemand fragte seine Sehnsucht:
»Warum verlässt du mich nicht?
Ich könnte viel besser schlafen?«
Seine Sehnsucht aber sprach:
»Ohne mich würdest du nur offenen Auges
und bei der Arbeit schlafen
oder in ohnmächtiger Erschöpfung.
Entspannung und Ruhe wären Feinde für dich.
Ohne mich wärst du wie verschütteter Wein,
der den Winzer leugnet und die Erde befleckt,
anstatt der Gastlichkeit der Welt zu dienen.
Du würdest nur um Nichtigkeiten weinen
und die Welt mit deinem Kram ersticken,
bis auch die letzte grüne Lichtung
darunter bestattet wäre.
Ohne mich würdest du nur Betörendes
und Niederdrückendes von dir geben
und nichts, was stärkt und nährt.

Dein Herz verblutete
im Gemetzel deiner Unersättlichkeit,
und deine Zärtlichkeit wäre nur
eine feinere Form von Gewalt.
Doch ich bin wie jede andere Sucht
nur ein Platzhalter der Suche nach dir selbst.
Wenn du dich ganz dir selbst verbinden kannst,
brauchst du mich nicht mehr.
Dann war ich nur ein Sternenblitz der Liebe,
der dir im Nachtwerk der Gefühle
für einen Augenblick
den Weg erleuchtet hat.«

*

Sehnsucht ist der Kompass,
über das Meer des Denkens
zu den wunderbaren
Kontinenten der Seele.

*

In blauen Stunden

Hinter den blauen Bergen steht ein Haus.
Sein Fundament ist Sehnsucht,
seine Mauern sind Licht,
sein Dach ist aus dem Stoff,
aus dem man Weite macht.
Seine Fenster sind Atempausen,
durch welche die Ewigkeit
ins Denkens leuchtet.
Für meine Seele
gibt es dort ein Zimmer,
das sie in blauen Stunden
andächtig bewohnt.

*

Pflaumen im Apfelhimmel

Ein paar Äpfel kamen in den Apfelhimmel und wurden hier willkommen geheißen. Nachdem die Boskop-Blaskapelle zur Begrüßung einen Posaunenchor losgeworden war, ließen sie sich alle unter Hallo und wilder Wiedererkennerei und einem Haufen Schultergeklopfe nieder. Um einen Nebeltisch saßen unzählige vergeistigter Artgenossen und sangen Lieder von Morgenduft und Jonathan und so weiter. Von den Braeburns über die Grafensteiner, Glosters und Granny Smiths bis zu den Golden Delicius, Cox Oranges und Elstars war es eine Pracht an Gemeinsamkeit. Nicht einmal der Weltstar, der berühmte Adamsapfel, der ja seinerzeit den Adam mit Hilfe der Schlange auf den steinigen Pfad der Selbständigkeit gebracht hatte, sonderte sich ab. Hätten sich nicht die neu angekommenen grünen Kläräpfel um ein Autogramm angestellt, wäre er nicht aufgefallen. Nur ein paar Mostäpfel, die den sogenannten Sündenfall immer noch als ein vom Teufel in die Weisheit Gottes geschossenes Loch hielten, wähnten den Adamsapfel in der Hölle und waren verwirrt, ihn hier zu sehen.

In diesem Augenblick hörte man von draußen aufgeregte Stimmen, und zur Verblüffung aller klopfte jemand an die Himmelspforte. Apfelpetrus öffnete und fiel sofort in Ohnmacht. So weit das heilige Auge reichte, standen da Pflaumen. Es handelte sich um den geistigen Gegenwert der irdischen Herbsternte. Eine Oberpflaume ergriff das verdatterte Wort:

»Ist hier, bitteschön, nicht der Pflaumenhimmel?«

»Ach du vorschnell verscherbelte Hoffnung«, entfuhr es dem durch Riechsalz wiederbelebten Petrus, »wer denkt denn sowas!?«

Nach kurzer Aussprache wurde klar, dass die Pflaumenkuchenzeit auf Erden den Massenexodus der Pflaumengeister veranlasst hatte. Man war jedoch wegen eines Navigationsfehlers vom Kurs abgekommen und hier gelandet.

»Tja, hmm, zs, zs, zs«, oder etwas ähnlich Geistvolles sagte der Apfelpetrus, als er der Bescherung vollends gewahr wurde. Um Zeit zu gewinnen, kratzte er sich.

»Der Pflaumenhimmel ist ja ganz woanders neben dem Aprikosenhimmel auf der anderen Seite der Galaxis«, tönte er.

»Aprikosen hin, Galaxis her, können wir nicht hierbleiben?«, drängten die Irrfahrer, die teilweise völlig fertig und abgerissen waren von ihrer Odyssee.

»Ja, aber«, blieb Apfelpetrus hilflos, »irgendwie müsst ihr dorthin, denn solange es noch so große Verschiedenheiten in der Auffassung von Glück gibt, sind von höherer Stelle auch verschiedene Himmel verfügt.« Sein planierraupengroßer Bauch wippte beim Reden auf und ab und zerrte beängstigend am meterlangen Leibstrick.

»Wenn diese Unterschiede einmal überwunden sein werden«, freute er sich ungefragt, »werden wir alle nach der dann geplanten Fusion in den vereinten Früchtehimmel übersiedeln.«

Da aber keine Lehrrede gefragt war, sondern Quartier, wurden die Pflaumen ein paar petrische Stirnrunzeln später schließlich gastlich aufgenommen. Durch ihre Andersartigkeit sorgten sie sofort für Abwechslung. Übergangslos nahm eine für himmlische Verhältnisse gewagte Feierei ihren Anfang, in deren Verlauf sich einige Äpfel zuerst in Apfelwein und zu späterer Stunde in einen vorzüglichen Calvados verwandelten, der energischen Beifall provozierte. Die Wirkung desselben war unberechenbar, und bald waren die Sphären von den fröhlichen und turbulenten Folgen dieser Tatsache erfüllt. Als sich dann die Pflaumen nicht lumpen ließen und eine Abordnung von ihnen sich als Pflaumenschnaps artikulierte, geriet die Angelegenheit außer Kontrolle.

Draußen war indessen ein Sonnenwind aufgekommen, der kräftig an der Himmelstür rüttelte. So heftig, dass darüber beinahe das verzweifelte Hämmern einer Schar zerzauster Birnen überhört worden wäre, die Einlass und Schutz vor galaktischer Wetterunbill erbaten. Auf einer eilig improvisierten Trage wurde der vom Pflaumenschnaps erledigte Apfelpetrus herangewuchtet, um symbolisch seines Amtes zu walten.

Pflicht hin, Lust her, ein paar Freudengesänge später kreiste auch noch hochgeistiger Birnenbrand in der Runde. Die Konsequenzen waren verheerend und dergestalt, dass auch galaktisch andernorts unüberhörbar wurde, welch hochgeistige Freuden da von der Erde her emigriert waren.

Der unvermeidliche Eingriff von höherer Instanz war deutlich und gütig. Etwas weiter weg vom Zentrum wurde in der Weite des Alls aus eilig beschafften Fertigbauteilen eine himmlische Fuselbaracke installiert, ein Mosthimmel also, in dem erstmals in der Himmelsgeschichte auch Gärung erlaubt war. Dort toben sich seitdem alle entleibten Früchtchen geistig so lange aus, bis sie ihr Konto an kosmischem Wohlwollen leergefeiert haben und fröhlich wieder zu uns auf die Erde herunter auf die Obstbäume kommen.

*

Alle großen Erfindungen
sind vom Denken aufgezogene
Kinder der Phantasie.

*

Wolken – Sibyllen des Wetters, geboren aus Wasser und Feuer in die Arme der Luft. Als die tausend Gesichter des Windes tragen sie den Schweiß der Erde wie eine Botschaft in die Himmel und beschirmen den Planeten vor dem Übermut der Sonne.

*

Camilla

Sie entstand über der Weite des Golfs im Spiel von Sonne und Wind. Nachdem sie geboren war, nannten wir Möven sie Camilla und freuten uns über den schönen Namen für die kleine Wolke.
Bei Tag schmückte Camilla den Himmel über der Bucht und spendete den Fischern Schatten. Nach Einbruch der Dunkelheit hüllte sie sich in die Schleier der Nacht und träumte vom Rauschen der Wildgänse auf dem Flug zu fernen Kontinenten. Am meisten Spaß machte ihr die Arbeit in der Wetterküche. Wenn die Wolken einmal tief hingen, balgte sie mit uns Möven und wunderte sich, dass wir ihren Namen kannten.

Camilla wuchs heran und war bald so aufregend anzusehen, dass sich alle Winde nach ihr umdrehten und vor Bewunderung pfiffen. Der Höhenwind wurde ihr bester Freund. Tagelang durchmaßen die beiden die Weiten des Firmaments, und Camilla vernachlässigte seinetwegen sogar das Wetter.

Eines Tages trug sie der Höhenwind so weit empor, dass sie unversehens mit ihrer Wolle den lieben Gott, der gerade zu einem Mittagsschläfchen ansetzen wollte, an den Füßen kitzelte.

»Ups!«, rief er aus und kicherte gar versehentlich, als er seine Füße schleunigst an sich riss.

Von da an ging mit Camilla eine Veränderung vor. Grobe Belustigungen wurden ihr fremd, und es entstand ein geheimnisvolles Leuchten um sie. Und wenn der Abend seine Seide über das Meer zu breiten begann und uns Möven zu den Schlafplätzen rief, stand Camilla noch lange über dem westlichen Horizont und streute ihr in die Nacht hinübersterbendes Gold in alle Winde. Und jeder, der in der Lage war, das zu sehen, wurde reich.

Was ans Vergängliche sich bindet,
braucht die Zärtlichkeit des Todes
zur Rückkehr in die Freiheit.

Gewissenhaftigkeit
ist manchmal eine
Quartiermacherin des Spiels
und manchmal dessen Feindin.

*

Solange das Spielerische nicht
in ein Haus eingezogen ist,
trauert die Arbeit darin.

*

Die Spielfreude

Einer, der eine gewissenhafte Erziehung genossen hatte und jede Menge Kontrolle besaß, machte sich auf die Reise. Er lud sich das Unvermeidliche, das Nützliche und das Liebgewonnene auf die Schultern und bestieg mit seiner Last die Kutsche. Es fiel ihm nicht leicht, gegen das Schwanken und Rütteln des Gefährts sein Gleichgewicht zu wahren, das Bündel auf seinen Schultern riss ihn mit den Bewegungen der Fahrt hin und her und manchmal fast zu Boden. Doch er wahrte Haltung und trotzte der Unbill, wie er es gelernt hatte.

Da stieg ein Narr in die Kutsche mit einer ähnlichen Last. Er vertraute seinen Sack dem mitreisenden Gepäcknetz an, setzte sich und ließ seine Reisefreude aus dem Fenster fächeln wie einen Seidenschal, der die Landschaft kitzelt.

Ich bin Menschen begegnet
in vielen Ländern.
Sie hatten wie ich
Hunger und Durst,
benutzten dafür aber
andere Namen und Bilder
als meine Kultur.
Seither weiß ich,
dass Begriffe wie Hindu,
Moslem oder Buddhist
nur andere Akkorde
derselben Musik sind,
andere Namen
für Hunger und Durst nach Wahrheit,
andere Wörter für dieselbe Sehnsucht,
die auch mich ins Leben gerufen hat,
für dasselbe Ziel, das Menschen
an diese Erdenheimat bindet.
Meine Sehnsucht heißt Christ.
Ich fühle mich
nicht berechtigter als andere,
zur Quelle zu gehen.

Der richtige Weg

Im Wartezimmer eines Tierarztes harrten ein Hund und ein Hase auf heilenden Rat. Die besondere Situation nötigte ihnen Distanz zueinander ab, was den Hund viel Beherrschung kostete und dem Hasen angenehm war. Dessen ungeachtet nutzten sie die kontrollierte Nähe, eine alte Meinungsverschiedenheit auszutragen.

»Der gerade Weg«, sagte der Hund, »ist der schnellste Weg zum Ziel.«

Das hätte er wohl gern, dachte der Hase bei sich. Laut aber sagte er: »Zick-zack ist die ideale Verbindung zweier Punkte. Nur wer im Zick-zack läuft, hat eine Chance, danach noch über das Für und Wider der Streckenführung nachzudenken.«

Eine Ziege, die ihr Leben lang angepflockt war, mischte sich ein und behauptete: »Im Kreis, Freunde, im Kreis läuft die Wahrheit.«

»Der Nächste bitte«, unterbrach der Tierarzt an

dieser Stelle die Konferenz, und der Hund musste ins Sprechzimmer. So blieb die Sache ungeklärt.

Übrigens – das gehört aber nicht zur Geschichte – ich hätte wen gekannt, der seit Jahren wie der Bach durch die Landschaft unterwegs ist und bestens in Schlangenlinien vorankommt.

*

Gegenüber modernistischem Talk und Chat könnte ein richtiges Gespräch eine vergleichsweise gemütliche, altmodische Kutsche sein, in der die Ansichten am Lärm starrer Widersprüche vorbeireisen können in die Stille beweglicher Gemeinsamkeiten

*

Sprache ist
Erde in ihren Konsonanten,
Wasser in ihren Vokalen,
Luft in ihrem Sinn und
Feuer in ihrer Wirkung.
Aus allen ihren Elementen
lassen sich Paradiese
oder Höllen machen.

*

Die Gerichtsverhandlung

In einer verrückten Zeit, in der nur das Konkrete und Abgegrenzte zählte, fand einmal eine Gerichtsverhandlung statt, bei der die Vereinigung der Konsonanten die Brüderschaft der Vokale verklagte. Vokale, so hieß es in der Klageschrift, seien faul und schädigten das Gemeinwesen der Sprache. Sie hingen nur lahm wie in Hängematten zwischen den Konsonanten und ließen es sich gut gehen wie Tagediebe. Die Konsonanten dagegen müssten schwer arbeiten, was sich am Kratzen, Zischen, Rollen, Sägen und Hämmern der Sprache leicht nachvollziehen ließe.

Der Rabe wurde als Rechtsbeistand der Konsonanten berufen, die Nachtigall als Anwältin der Vokale.

Alle Buchstaben des Alphabets waren als Zeugen geladen, ihre Verhöre brachten aber keine Erleuchtung. Die Sachverständigen konnten sich nicht einigen, ob beispielsweise ein M ohne einen unterschwellig mitklingenden Vokal überhaupt arbeitsfähig wäre. So wurden die Anwälte gebeten, ihre Plädoyers so einzurichten, dass dabei auch die Arbeit der von ihnen jeweilig vertretenen Partei beschrieben wurde.

Der Rabe stellte sich in Positur und wollte mit einem markerschütternden »Rrrraaaack!« die Sache handstreichmäßig auf seine Seite ziehen, bemerkte aber in letzter Sekunde das stinkfaule aaaa in der Hängematte zwischen den hart rackernden Rrrr's und dem ck. »Rrrrck!«, würgte er daraufhin saftlos in das staunende Auditorium und fügte einen kaum aufschlussreicheren Hustenanfall hinzu. Es war sofort klar, dass er seinen Mandanten keinen Dienst erwiesen hatte.

Die Angelegenheit schien jetzt noch verworrener als vorher. Als dann aber die Nachtigall ihr Plädoyer mit einem hohen und anspruchsvollen »Pffüüüdlööööööüütt« begann, anstatt sich erst mit »üüüööö-üü« in die Rechtslandschaft vorzutasten, wurde das Verfahren eingestellt, und die Richter gingen in die Kantine.

Nach einer Phase der Feindseligkeiten hat sich die Sache wieder eingerenkt. Seitdem ist zwischen Konsonanten und Vokalen wieder alles in Butter.

Nur das Ypsilon blieb beleidigt und fremdelt seitdem, so, als gehörte es nicht richtig dazu.

*

Sprache ist die Kleidung der Seele.

*

Unsere Herausforderung besteht aus vielen gebildeten Menschen, die nie einen Baum gepflanzt, einen Brunnen gegraben oder eine wärmende Weste gestrickt haben, sich aber von jedem daherstreunenden Impuls ein neues, diensthabendes Gleichgewicht diktieren lassen.

*

Farbenspiele

Jemand hatte in wechselnden Farben seine Kindheit verbracht. Eines Tages wurde er grün. Da seine Umgebung achtlos auf grün reagierte, wurde er nach einiger Zeit rot und stemmte sich mit dieser Farbe gegen das Grau, das ihn Tag und Nacht bedrängte. So stark war es, dass er mit der Zeit davon selbst grau wurde. Da riefen sie eine rosafarbene Zeit aus, und er empfand sich als Grauer plötzlich wie ausgesetzt.

So leicht machte er es seiner Umgebung aber nicht, und es dauerte nur ein wenig, bis er ebenfalls rosa wurde. Allerdings war es ein individuelles Rosa, das ihn unterschied. Als eine Wende kam und alles gelb wurde, wechselte er auf blau und war damit seiner Zeit voraus. Im Urlaub hatte er ein Techtelmechtel mit Orange, das ihm ganz schön unter die Haut ging und auch obendrauf seine Spuren hinterließ.

Eines Tages bröselten aufgrund einer gravierenden Erfahrung seine Farbschichten dahin wie eine verlorene Sandform, in die ein Meister sein Werk gegossen hatte. Darunter kam eine wunderbare, in allen Farben lebendige Gewachsenheit ans Licht.

*

Ein Sucher fragte einmal einen Wurm,
wie er den Weg in den Apfel gefunden habe.
Die Antwort
war auf den ersten Blick enttäuschend:
»Ich bin darin geboren!«

*

Philosophische Äpfel

An einem Baum hingen im Spätsommer drei philosophische Äpfel. Im auffrischenden Wind unterhielten sie sich über das Thema Erfahrung.

»Ich sage euch, Brüder«, meinte der erste, »Erfahrung entsteht aus einer Leistung des Denkens in Bezug auf die Eindrücke, die man sammelt.«

»Eindrücke schon«, sagte der zweite, »ich finde aber, dass Erfahrung mehr aus dem Fühlen entsteht.«

Der dritte sah die Sache nochmals anders als seine Brüder. »Also für mich«, lautete seine Ansicht, »kommt Erfahrung in erster Linie aus dem Handeln im Zusammenhang mit den Eindrücken des Lebensweges.«

Da fuhr der Wind voll rauher Zärtlichkeit in das Obstgehölz und löste einige Äpfel vom Baum.

»Die Macht, die dich pflückt, lässt dich nicht fallen«, dachte der erste, als es mit ihm abwärts ging. Der zweite fühlte intensiv das Fallen. Der dritte handelte und klammerte sich fest. So blieb er am Baum.

Die beiden Herabgefallenen rollten eine Astlänge den Pfad entlang. Später kam ein Rotkäppchen, pflückte den dritten vom Baum und sammelte auch die Ernte des Windes in sein Körbchen. So fanden sie sich alle wieder und tanzten schaukelnd und hüpfend mit dem Menschenkind dessen Weges.

Als die Aufregung über die neuen Erfahrungen wieder Raum für Anderes ließ, betrachteten sie einander und sahen, dass jeder irgendwelche Eindrücke vom Weg hatte. Die beiden vom Wind Gepflückten hatten sie vom Kies, auf den sie gefallen waren, der dritte hatte den Eindruck, die kleine Reise bequemer als seine Freunde zurückgelegt zu haben. Darüber hinaus war er jetzt überzeugt, dass man sich nur tüchtig festhalten müsse, um voranzukommen.

Nach einem Intermezzo mit dem Appetit des Rotkäppchens wohnen jetzt alle drei im Apfelhimmel am Baum der Unendlichkeit. Dort philosophieren sie hoffnungsfroh weiter bis (fast) in alle Ewigkeit.

*Erfahrung wächst
wie die Perle in der Muschel:
Um ein Sandkorn an fühliger Stelle
baut sich Schicht um Schicht
ein Glanz im Innern auf.*

Affe oder Mensch

Vier Affen waren auf dem Weg ins Menschenreich. Nach langem Suchen kamen sie zu der Grenze, wo das Tierreich endete und das Menschenreich begann. Da stand einfach ein Portal frei ohne Grenzzaun oder Mauern in der Landschaft. Daneben tat ein Wächter Dienst, der unter diesen Umständen eher nutzlos wirkte.

»Was ist, wenn ich einfach eintrete, ohne deine Einlassformalitäten zu beachten?«, fragte einer der Affen den Wächter.

»Dann bleibst du ein Affe und bist trotzdem willkommen. Auch unter deinesgleichen. Denn im Menschenreich gibt es viele Affen. So viele, dass die meisten Gesetzbücher vorsichtshalber darauf ausgerichtet sind.«

»Was ändert es, wenn wir deine Einlassrituale respektieren?«

»Dann werdet ihr mit der Zeit zu Menschen.

Vielleicht ... unter Umständen.« »Na gut«, sagte der Affe im Namen aller. »Was müssen wir jetzt tun?«

»Das Menschenreich ist verwirrend und groß wie seine Freiheit. Ich muss euch eine Prüfungsaufgabe stellen, damit ich jedem den ihm gemäßen Weg zeigen kann.« Nach diesen Worten übergab der Wächter jedem ein Stück Leben.

Der erste Affe nahm seines als Speise und Trank, roch und leckte daran und fraß es rülpsend auf. Danach wurde er müde, schlief ein und träumte von Hunger und Sattheit.

Der zweite nahm das Leben außerdem als Licht und Schatten. Er schnupperte daran und kostete ausgiebig, hielt es dann auf Abstand und betrachtete hingerissen seine bizarren Formen und Farbenspiele. Darüber wurden ihm die Augen schwer, und in seinem Schlummer schlitterte er in eine Traumwelt voller Schönheit und Hässlichkeit, Kunst und Geschmacklosigkeit, Wissen und Beschränktheit.

Der dritte Affe nahm das Leben darüber hinaus als Melodie und Rhythmus. Nachdem er wie sein Vorgänger daran geschnuppert und sich davon ein wenig genährt hatte, warf er, was er noch übrig hatte, spielerisch empor und lauschte den klingenden Zaubereien, die es im Herabrieseln an die Welt verschenkte. Dabei wiegte er sich tanzend in dessen

Rhythmen. Bezaubert sank auch er bald in einen traumreichen Schlaf voll Wohlklang und Lärm, voll glitzernden Opern und Festspielen, Streitgesprächen und musischen Wallfahrtsstraßen, die mit Schallplatten getäfelt und von Berühmtheiten gesäumt waren, die alle um seine Gunst buhlten.

Der vierte nahm das Leben darüber hinaus als Gefühl und Einsicht und tat es dem dritten gleich. Und als das Leben klingend auf ihn herabrieselte, ließ er sich von seiner Zärtlichkeit, seinen Düften und seiner Fülle einhüllen. Was er mit dem Herzen fassen konnte, barg er darin und blieb in Freude und Schmerz wach.

Da sagte der Wächter: »Affe oder Mensch, wer unterscheidet das? Jeder weilt in der Gastlichkeit, die er verehrt.«

»Welcher ist nun aber der mir gemäße Weg?«, beharrte der wache Affe.

»Dein Weg geht hier lang«, antwortete der Wächter und wies mit einer Geste, bei der er sich einmal um die eigene Achse drehte, überall hin.

*

Heimat ist die Leibwäsche der Seele.

*

›Humanität‹ ist ein schönes,
kraftvoll schwingendes Wort,
hinter dem manche viel zu leicht
die verpflichtende Schlichtheit von
›Seele‹ und ›Menschlichkeit‹ vergessen.

*

Das Paradies von innen

Ewigkeiten werfen uns
wie Samen in die Zeit.
Äonenlang durchwandern wir
die blaue Lust des Seins.
Nur langsam wachsen wir
und sinken aus der Schwerelosigkeit
tief und tiefer ein ins dichte Dasein.
Die Wurzeln unserer Sehnsucht
finden schließlich
diese warme, feuchte Erde
und ergreifen durch sie Gewicht,
Schicksal und Erfahrung.
Wer sich einlässt auf die Erde,
schafft sein Paradies von innen.

Intimität entfaltet sich,
wo jedes Rollenspiel endet.
Sie ist ein Elixier für die Seele.
Die meisten von uns
erfahren selten
echte Intimität:
Abwesenheit jeder Bewachung
der eigenen Wichtigkeit
und größte Wachheit
im erlebten
Du.

Der Geist der Schönheit sprach

Wenn du zu mir kommst,
lass dein Wissen draußen.
Falte dein Denken ein
wie einen treuen Schirm.
Wir wollen einander finden
ohne Bedeutung und Beweis,
ohne Maske und Kleidung.

Wesen an Wesen und Haut an Haut,
lass uns über die Wasser fliegen,
und ich flüstere dir übermütig
glitzernde Diamanten ins Ohr,
dass du vor lauter Zärtlichkeit
in tausend Funken platzen möchtest.

Sinn ist ein Kind des Lebens selbst. Er wohnt in den Laubhütten der Sehnsucht und ist scheu wie ein Eisvogel. Zugriff und Absicht sind ihm fremd. Man kann sich nur zu ihm entschließen, indem man sein ganzes Wesen in die Richtung wendet, wohin einen das eigene Herz trägt.

Märchen, täglich frisch

Santos war einer, der gleichermaßen Höhen und Tiefen kannte, aber den Tiefen mehr traute als den Höhen. Ja, so einer war er. Das Leben war für ihn wie Druck, und Glück empfand er insgeheim als Gefahr. Wie jemand, der – endlich oben angekommen – aus großer Höhe in die Tiefe schaut und sich zitternd zurückwünscht auf den sicheren Boden. Auf der Suche nach einem Weg aus der Verwirrung fand Santos immer nur zur Frage nach dem Sinn des Lebens. Viele Bücher hatten seinem Denken Pfade gewiesen, sein Gefühl jedoch blieb unberührt von ihnen. Auch geistige Lehrer hatte er aufgesucht und sich ihren Disziplinen unterworfen. Aber, entweder hatte er sie nicht begriffen, oder sie wussten selbst nichts über den Gegenstand ihrer Lehre. Mit der Zeit trat seine Suche in den Hintergrund, und er schloss Frieden mit seinen unbeantworteten Fragen.

Eines Tages stieß er bei einem Spaziergang auf ein kleines Scherzartikelgeschäft, das er vorher noch nie bemerkt hatte. Mittendrin in der Altstadt zu Füßen der Domkirche hockte es im Souterrain eines Gebäudes, das einer Gruppe antiquarischer Häuser angehörte, die Schulter an Schulter und leicht vornübergebeugt den kleinen Platz umzingelt hielten. Wie eine gut informierte Damenrunde, die die hutbewehrten Köpfe zusammensteckt, kontrollierten sie aus gütigen Fenstern das Geschehen. Als eine Art Hausdiener in grüner Schürze stand noch ein Nussbaum herum und überarbeitete sich nicht. Der kleine Platz wurde von ihm beschattet und außerdem von einer krummbeinigen Sitzbank beseelt.

Im Schaufenster des Lädchens sprang ein Schild ins Auge, auf dem stand:

Märchen
täglich frisch!
Stück 0,40 incl. MWst.

Scherzhalber ging Santos hinein und schaute sich in dem engen Raum um. Da gab es allerlei Schabernack; vom täuschend echten ambulanten Farbklecks bis zum pupenden Kissen, das die Großtante beim Platznehmen mit einem rustikalen Peinlichkeitsschock ausstatten und in die Nähe einer Herzattacke befördern konnte.

Das freundliche Gesicht der Besitzerin schwebte wie nicht dazugehörig über ihrem gewaltigen Leib, der sowohl die Form als möglicherweise auch das Gewicht der großen Domglocke hatte.

»Vor zehn Minuten sind die frischen Märchen geliefert worden, sind noch warm«, sagte die Glocke verschmitzt auf Santos' Frage nach der Inschrift im Fenster. Die Papierblätter schienen auch eher aus einer Bäckerei zu kommen, denn der Duft von frischen Brötchen war allgegenwärtig.

Die Glocke wippte einen Gruß, als Santos mit seiner kleinen Beute den Laden verließ, und warme Augen geleiteten ihn die drei Stufen hinauf zum Platz unter dem Nussbaum. Die krummbeinige Bank griff sich Santos und setzte ihn sich zurecht wie Oma ihr Enkelkind auf dem Schoß. Dann wurde es still in ihm. Er öffnete die duftenden Papierblätter und lehnte sich zurück in das spaghettifeine Sonnengitter, das von oben durch die grünen Zwischenräume fiel. Der Nussbaum schaute über Santos' Schulter, und wie alte Kameraden ließen sie sich in das frische Märchen fallen.

*

Es war einmal ein Meister, der einigen Jüngern die Lehre vermittelte. Eines Tages trat einer vor ihn hin und fragte: »Kannst du mir sagen, was das Ich ist?«

Der Meister sprach: »Welches Ich meinst du? Das flüchtige? Das scheinbare, das wie ein in die Luft gepaffter Rauchring nach oben steigt und sich, wenn man sich daran halten will, dafür als unbrauchbar erweist? Oder meinst du das für eine Zeitlang bleibende, ganz in der Realität verwurzelte Ich, das wie ein guter Baum dem Kletternden mit starken Ästen hinauf in seinen Wipfel hilft, wo jeder feststellt, dass der Weg zu Ende ist und er zurückklettern muss, wenn er nicht verhungern oder fallen will? Oder meinst du das ewige Ich, das wie die Sonne alles wärmt und anzieht, was in der Zeit ist, und dabei besitzlos bleibt als Diener des Kreislaufs, den die Alten ›Weg‹ nannten?«

Der Jünger dachte nach. Da jedoch in seinem Gesicht die Anzeichen von Erfolg spärlich blieben, ließ sich der Meister mit ihm unter der grünen Schürze eines Nussbaumes nieder und erzählte ihm eine Geschichte.

»Eines Tages«, begann er, »kam ein Harlekin in den Ort und bot zum Kirchfest Seifenblasen an; ganz gewöhnliche, die bald zerplatzten und dabei einen Sprühnebel aus Seifentröpfchen freisetzten. Der Gaukler tauchte dazu einen Strohhalm in Seifenlauge und blies hinein. Ein in die Luft gehauchtes

Spiegelwunder wuchs rotierend am Ende des Halms heran und hüpfte schwerelos in den Wind. Der Mann verlangte nicht viel für eine Seifenblase, ein Lächeln genügte ihm als Honorar.

Achman fühlte sich zum Harlekin hingezogen. Er schaute ihn mit einem neugierigen Lächeln an, das jener als Vorauszahlung deutete. Augenblicklich begann die Produktion einer Seifenblase. Im Glanz der Blase, die um den Atem des Gauklers herum entstand, war ein Spiegelbild des Kirchfestes zu sehen, und alles tanzte winzig und farbenfreudig in dem gläsernen Globus, als sei es da zu Hause. Als die Blase platzte, wurde der Atem des Gauklers wieder frei.

Achman lächelte über das Schauspiel und über sich selbst. Schon wirbelte eine neue Blase um den Hauch des Gauklers. Diesmal aber zog sie Achman mit ihrem Tanz in eine beredsame Tiefe. Als sie sich vom Halm löste, sah er auf einmal sein eigenes Leben im Spiegel ihrer kristallenen Wölbung. So, dachte Achman, ergehe es wohl einem Sterbenden, der beim Überschreiten der Schwelle noch einmal den Film seines zurückgelegten Weges vor sich sieht. Er sah sich selbst in diesem Film als jemand, der gleichzeitig in dieser und einer anderen Welt lebt. Und eine Stimme sagte:

Das Ich ist eine Seifenblase der Ewigkeit.
Als ein Pionier des Seins erforscht es
die schwimmenden Inseln der Zeit.
Rotierend erscheint es, und liebend löst es sich auf.
Wie die Erde dreht das Ich sich um sich selbst
und dient in Jahreskreisen einer sonnenhaften Mitte.
Am Ende hört die Drehung um die eigene Achse auf,
und das Bewusstsein wird eins mit der Mitte.

Warum zerplatzt das Ich, warum ist Tod in dieser Welt? Hörte sich Achman fragen.

Der Tod ist wie ein Krug aus Schatten.
Er ist das zeitbegrenzte, blasenhafte Ich,
die Form, die mit Leben prall gefüllt rotiert.
Er schöpft dein Leben aus dem Sein
und macht es damit fassbar in der Zeit.
Er hält es eine Weile in seiner Form geschützt
und gibt es schließlich wieder frei.
Nur aus ihm als Krug kann das Ewige,
das du bist, Erfahrung trinken.
Durch ihn allein wird Leben
wahrnehmbar.

Wer bin ich selbst in diesem rotierenden Spiegel?

Du bist
ein Sinn des Seins,
ein Partisan der Herrlichkeit,
eine Hand, mit der die Ewigkeit
nach Selbsterkenntnis greift.
Dein Ich ist nur ein Traum,
den die Fülle träumt,
ein Traum von Ich und Du,
von Tat und Untat,
Wohlgefühl und Schmerz.
Wenn sich Tag und Nacht
in dir vermählen werden,
wird der Traum vollendet sein.
Und wie jeder Atemzug zurück ins All geht,
gehst du dann als Liebender
zurück ins wahre Leben
als nie davon getrennt Gewesener.
Du bist ein lustvoller Seufzer der Unendlichkeit,
ein Gedanke des Ungewordenen,
ein Genius des Seins und seiner Freude,
ausgesandt, um mit deinen Sinnen
dieses Universum zu umarmen.«

Der Alte hielt mit der Geschichte inne, und sie hörten, wie die Lebensfreude der Stadt zu ihnen herbrandete und den Baum samt seinen Gästen mit in ihr

Empfinden schloss. Dann sprach er weiter, und der Jünger wusste nicht, ob die Worte an ihn gerichtet waren oder an die ganze Welt.

Das Ganze kann nur lernen durch das Einzelne.
Wer als Einzelner dem Großen, Ganzen dient,
den trägt und nährt es als seinesgleichen.
Wer den Dienst für lange Zeit verweigert,
den lässt es vergehen wie einen Irrtum.
Jedem ist der Sinn des Lebens nahe
wie dem Kreis sein Mittelpunkt.
Wer unermüdlich seinen Blick
für Ruhepunkte schärft,
wird einmal selbst
zum Ruhepunkt
und Meister
der Mitte.

*

Geschmeidig wie eine Katze schlich die Dämmerung zwischen die Dächer. Lautlos strich sie herab zu Santos und leckte ihm zärtlich das Märchen aus den Händen. Der Nussbaum und sein Gast fanden sich ihres Lesestoffs beraubt und streckten die Glieder. Santos schaute hinüber zu dem Scherzartikellädchen, wo er das Märchen erworben hatte. Doch da war nur eine Bäckerei mit einem Schild im Fenster, auf dem stand:

Brötchen
täglich frisch!
Stück 0,40 incl. MWst.

Das Vesperläuten der großen Domglocke klang wie ein riesiges, unentrinnbar wunderbares Lachen.

*

An ahnungsloser Stelle

Ich traf den Menschensohn
in der Eisenbahn.
Er saß mir gegenüber,
das Abendland im Fortschrittswahn
glitt draußen rasch vorüber.
Ich spürte tief in jeder Zelle
eine wilde Hoffnung beben,
hier saß an ahnungsloser Stelle
die Wahrheit und das Leben!

Ich wollte irgendetwas Großes sagen,
mich ganz im Wort versammeln,
doch jedes Wort verwelkte mir
zum jämmerlichen Stammeln.

Da fing ich an, im Geiste zu singen,
und wusste, er sang mit mir,
und sein Lied in allen Dingen
ließ mein Ich wie Glas zerspringen,
und öffnete jede Tür.
Da fing ich an, im Geiste zu tanzen,
einem großen Tänzer gleich,
und Fenster aus Liebe ins Denken zu stanzen,
und fühlte mich unsagbar reich.

Ich traf den Menschensohn im Supermarkt
zwischen Kühlregalen,
wo unser starres Leben fror
im Krieg der Umsatzzahlen.
Ich sah ihn auf der Autobahn
einen Rettungswagen fahren
mit rotem Kreuz und Blaulicht dran
und gellenden Fanfaren.

Ich wollte ihn, den Meister, fragen,
wie's um die Erde steht,
da hörte ich ihn in mir sagen:
Nicht mehr früh, doch nie zu spät.

Da fing ich an, im Geiste zu singen,
und wusste, er sang mit mir,
und sein Lied in allen Dingen
ließ mein Ich wie Glas zerspringen,
ich war eine offene Tür.
Da fing ich an, im Geiste zu tanzen,
einem großen Tänzer gleich,
und Löcher aus Freude ins Dasein zu stanzen,
und fühlte uns unsagbar reich.

*

Die Deutsche Bibliothek – CIP-Einheitsaufnahme
Ein Titeldatensatz für diese Publikation ist bei
Der Deutschen Bibliothek erhältlich

1 2 3 4 5 05 04 03 02 01

Ein Unternehmen der Verlagsgruppe Dornier
Postfach 80 06 69, 70506 Stuttgart, Tel: 0711 / 78 80 30
Sie erreichen uns rund um die Uhr unter www.kreuzverlag.de
Umschlagbild: © ZEFA/Anderson, Paul
Umschlaggestaltung, Layout und Satz:
Sibylle in der Schmitten, Meerbusch
Druck und Bindung: GGP Media, Pößneck

Die Schreibweise entspricht den Regeln der neuen Rechtschreibung.

ISBN 3 7831 2015 2